意識と物質のインターフェース

# タイムウェーバー

# Time Waver

想い・望み・意図を
物質化する
未来型
セラピーマシン!

寺岡里紗 著
Risa Teraoka

ヒカルランド

「意識」と「物質」をつなぐ
究極の情報フィールド・テクノロジーにより、
今、世界を席巻しつつあるTimeWaver。

〝意識・気を測定し、
根源的な解決へと導く夢のマシン〟が持つ、
既存の次元領域を超越した
全く新しいメカニズム・機能とは？

現在は、二元性の世界、
人の意識にも裏表が存在する。
危機的状況の地球にあって、
ポジティブな活動が人々に浸透するには
タイムロスが生じてしまう。

人々の意識の速やかなる変容、
グローバルな世界観をもったリーダーを
短期間で一気に創出するにはどうすればよいか？
開発の動機、すべてはここから始まった。

宇宙には、
私たちの意識を遥かに超える
目に見えないネットワークが存在する。

そのネットワーク上の
最短かつ最適なルートにつながることで、
瞬時に私たちの深奥に眠る「意識」に働きかけ、
時空を超えたレベルで目覚め／気づきを促す――。

「あなたが、この人生で
本当に求めているものは何か？」
その究極の目的、意味を引き出すことにとどまらず、
政治、経済、社会……世界のあらゆるシステムを
新たな次元のステージへと大変革していく――
無限の可能性を秘めた夢の未来型マシンの誕生。

本書は、実践活用法に至るまでを含め、
その知られざる全貌を
完全ガイドする世界で初めての本です。

目次

## Part 1 タイムウェーバーは意識、気を12次元領域で測定する



## Part 2 「え？ こんなことが答えなの⁉」これがタイムウェーバーの醍醐味！

## Part 3 エネルギー医学・情報医学から見るタイムウェーバーの機能

## Part 4 「オーラ、トラウマ、先祖、霊」といったスピリチュアルレベルにもフォーカスするタイムウェーバー



## Part 5 タイムウェーバーのさらなる可能性を探る

## Part 6 タイムウェーバーにおけるセラピストの役割



## Part 7 タイムウェーバーの物理的メカニズムについて

## Part 8 タイムウェーバーをビジネスで活用する



## Part 9 タイムウェーバーでチームや組織をまるごと分析



## Part 10 「タイムウェーバー」にしかできないこと

## Part 11 タイムウェーバーでしてはいけないこと



## Part 12 タイムウェーバーはどんな人に向いているのか？

カバーデザイン　重原　隆
本文背景デザイン　寺岡佑記
編集協力　宮田速記
校正　麦秋アートセンター
本文仮名書体　蒼穹仮名（キャップス）

# Part 1

# タイムウェーバーは意識、気を12次元領域で測定する

## ドイツ発祥、タイムウェーバー開発の経緯

――タイムウェーバーは、どこで、どういう目的でつくられたのか、ルーツを教えてください。

**寺岡**　タイムウェーバーはドイツ発祥です。

ドイツはエネルギー医学先進国で、エネルギーを測定する機器が100年ぐらい前からいろいろ開発され、使われてきました。もちろんヨーロッパだけではなく米国にもありましたが、もともとはロシアが波動機器の開発に非常に力を入れていました。メタトロンやアストレアもその一つです。

そういう技術がソ連の崩壊とともにすぐ隣のドイツに流出しました。ドイツは多くの物理学者を輩出している歴史もあるので、そういった機器に物理学者が飛びつき、研究が進んでいったという経緯があります。

当時、ロシアで開発された機器は、実際に数万人の患者さんのデータをもとに、統計を取ってデータベース化し、それと比較しながらエネルギー的に測定するという、

エネルギーの領域でも非常に肉体レベルに近い領域を見ることで診断するのがメインの機器でした。

エネルギーという領域に心、精神が関係しているということは誰もがわかっていて、例えば、これまでの古典物理や自然化学では「物質と意識」は厳密に分離された二元論でしたが、量子力学の基礎を築いた一人であるエルヴィン・シュレーディンガーは「精神と物質」という本で、『非二元論、つまり心と物質を明確に分離することはできない』と言っています。この流れの中で意識は測定できるはずだと考える物理学者はいたのですが、それを理論的に証明するテクノロジーがありませんでした。結果的にはテクノロジーが追いつくまでには30年以上の時間が必要でした。

誰もが意識の領域にアクセスしたいと考えていた中で、意識を測定できるデバイスとし

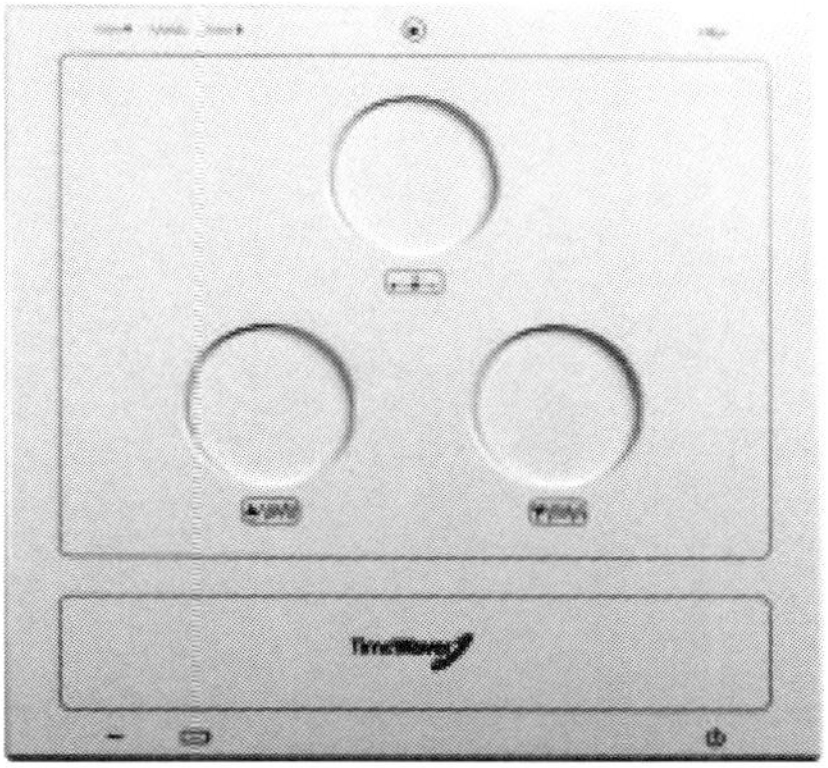

タイムウェーバー本体

てラジオニクス※という技術があるのですが、いろいろな人がその機序を証明しようとしてはいつも猛烈な批判にさらされ社会的に地位を追われました。「ラジオニクス＝エセ科学」という時代の中で、「技術的にラジオニクスを使っている」と言うだけでバッシングに遭いラジオニクス技術は歴史の中では禁句になりました。

※ ラジオニクス――サイエンスライターのマルコ・ビショップはラジオニクスを「電子光学伝送技術を使った現代版のダウジング機械」と記した。ラジオニクスデバイスは全ての対象物や過程には微細なレベル（量子インフォメーションフィールド）の振動パターンがあるという前提で振動パターンを測定する。マルコ・ビショップによるとラジオニクスの手法は米国農務省が持続可能な農業（ＡＴＴＲＡ）の研究プロジェクトにも使用されていた。

その一つの例が、江本勝さんが米国からもってきた波動機器ＭＲＡや「波動」という言葉です。

これもラジオニクスデバイスです。微細な意識の振動のようなものを測定するには、外側からのいろいろな干渉を遮断しなければなりません。それが当時の技術ではなかなか難しく、構造的にも問題があり、測定できるときもあれば、ほかの何か雑味のようなものが入ってしまうことで結果がすごく曖昧になるという欠点がラジオニクスにはありました。その後日本に多数あったこれらの機器を使ったサロンは次々と姿を消しましたが、海外では、益々活発に研究が進んでいきました。

## タイムウェーバーの開発者マーカス・シュミーク氏とはどんな人？

そんな中でもあえて「意識」にフォーカスしたのが、タイムウェーバーの開発者であり、タイムウェーバー社の創設者であるマーカス・シュミークです。

マーカス・シュミーク

ラジオニクスがタブーとなりラジオニクス以外の技術、例えばより物理的なバイオ・フィードバックや神経反応の測定機器の開発が行われていたところに、マーカスが「ラジオニクスは決して公にすることをはばかるような怪しい技術ではない。むしろ正しい環境のもとでなら、世の中にこれほどちゃんと意識をはかれる技術はない。ラジオニクスはちゃんとした理論のもとに証明できるすばらしい技術である」と声高に主張したのです。

これにはみんな唖然としましたが、マーカスはただやみくもに声を大にして主張したわけではありません。

声高に主張できる環境が現代に至ってようやく整ったのです。つまり、コンピュータ化されたラジオニクス装置は、大量のデータを高速で処理する事を可能にし、セラピストの主観が結果に反映される傾向を軽減しました。

——タイムウェーバー以外に、今も使われているラジオニクスの機械はあるのでしょうか。

**寺岡**　意識を測定出来る機械はほかにもあります。

NASAのビル・ネルソン博士が開発したQX-SCIOやハンス・シンドラー氏が開発したHADOアストレアは感情のコードが入っていますし言葉による調整もできます。

ただ、タイムウェーバーがそれらと違うのは、一個人のエネルギー場を超えた情報

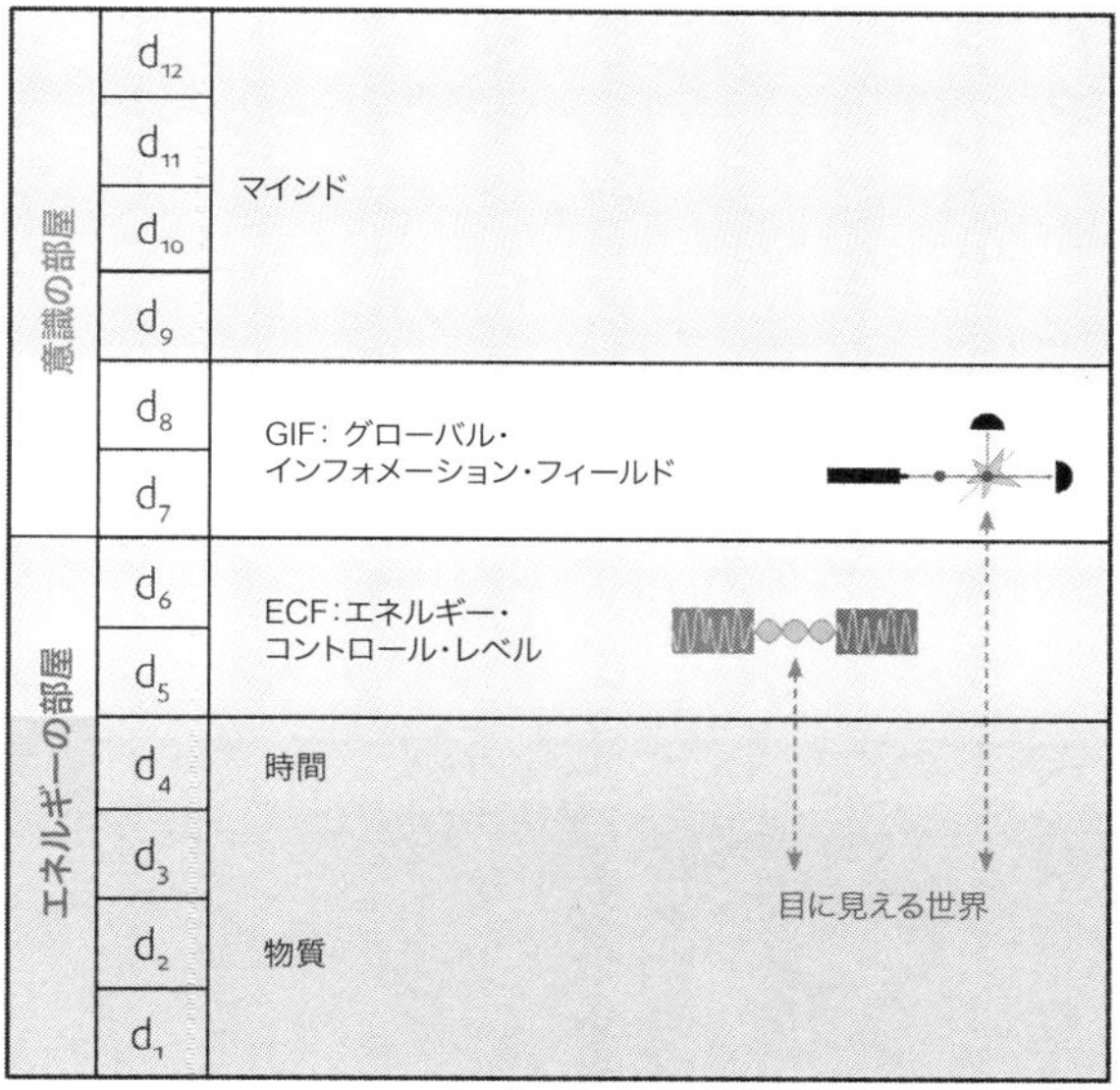

12次元構造

も含む、エネルギーの領域を12次元構造に分類していて、意識の領域を7次元以上とし、感情の領域・マインドの領域・潜在意識の領域・スピリチュアルの領域を特定して、必要な情報が存在している領域に正確にアクセス出来る様にしたのです。その技術を開示しているのは多分タイムウェーバーだけではないかと思います。

ラジオニクスの技術的な問題は測定の精度がセラピストに依存する側面が必ずあることですが、タイムウェーバーはそれを極力排除して、ニュートラルな状態でそれぞれの領域にアクセスできる。その技術をマーカス・シュミークは研究したんです。

彼はマニアックなので、今、世の中に出回っているあらゆるラジオニクスの機械を研究し、意識の細かな部分が欠けていることを発見しました。その欠けている部分を補ったものがタイムウェーバーであると言っています。そこまで考えることができたのは、マーカスも含めた何人かの開発に加わった物理学者の技術のたまものかなと思います。

――マーカス・シュミークさんはどんな人なんですか。

**寺岡**　もともと彼は哲学と物理学を研究することで「真理」を知ることができると考え大学で物理学を専攻しました。ドイツは量子論の父とよばれるマックス・プランクに始まり、「精神と物理」の著者であるエルヴィン・シュレーディンガーのような意識や自然化学の研究者を含む多数のすぐれた物理学者を輩出している国ですので、最高水準の物理学を学んでいるはずなのに、意識どころか、いまだに古典物理が中心の授業には全く興味が持てず次に哲学を学びます。しかしいくら学んでも「人間の意識とは何か？　自分とは何か？　私は誰か？」という疑問の答えを見つけることができなかったマーカスは大学を中退します。

そして、意識や宇宙の真理についてもっと勉強したい、その答えはインドのヴェーダという経典にあるのではないかと考えてインドに渡り、出家したんです。マーカスは僧侶の称号まで持っています。すごい行動力だと思います。

インドで日々瞑想して修行を続け7年ぐらいたったころ、ある日、瞑想していたら、「私が学ぶべきことは十分学んだ。次はこの知識と学んだことを外の世界の多くの人に伝える時期が来た。私の役割は『橋』を作ること。物質世界とスピリチュアル世界とをつなぎ、調和させる何かを作ること」ということに気づいたそうです。

マーカスは現実世界に戻るため、ドイツに帰国し、再び、物理の世界に戻り、物理学者たちとコンタクトをとってタイムウェーバーの開発を始めました。

開発に加わったとてもユニークな2人の物理学者がいます。一人はロシア人のニコライ・コズイレフという反射望遠ミラーを使って200万年後

ニコライ・コズイレフ

ブルクハルト・ハイム

の未来のアンドロメダ星雲の写真を撮った、天才宇宙物理学者です。彼の開発した「コズイレフ・ミラー」を内蔵することで、「時間波（タイムウェーブ）」を使って情報を転送するシステムを構築しました。そして2人目がタイムウェーバー理論の基本概念である12次元のハイパースペースについて数式化したドイツの物理学者ブルクハルト・ハイムのフィールド理論です（P56参照）。この2人の協力を得てようやくマーカスの念願であった「意識」と「物質」をつなぐ情報フィールド・テクノロジーとしてタイムウェーバーが完成しました。

## ドイツから台湾へ　タイムウェーバーは広がり続けている

――タイムウェーバーが最初にできたのは何年ですか。

**寺岡**　機械が最初に完成したのは２００７年です。タイムウェーバー社自体は10年前に設立されました。

――割と最近ですね。

**寺岡**　そうなんです。

タイムウェーバーの販売台数は約3000台で、日本では40台強、アジアでは200台弱です。

アジアで一番ユーザーが多いのは台湾です。アジアの約半分は台湾です。台湾は今、統合医療にすごく力を入れている人たちがいて、日本の東大クラスの大学教授や研究者がタイムウェーバーに興味を持っています。

昨年開催されたセミナーには数百人もの参加者があり、実際現場でも使用されています。台湾はエネルギー医学に対する意識が全然違う。驚きです。

――今はドイツよりも台湾で盛り上がっている感じなんですね。

**寺岡**　台湾は、私が3年ぐらい前に行ったときはまだ数人しか使っていませんでした。導入したのは大学教授で、彼が積極的にタイムウェーバーを学者や医者に紹介し、3年ぐらいで急速に拡まったようですね。

――ドイツではキーエンスのような大企業でも使われています。台湾でも企業が使い始めているんですか。

**寺岡**　台湾の中には2つの流れがあります。

一つは、大学でアカデミックな理論とともにタイムウェーバーを広げていこうという流れ。

もう一つは、コンサルティングのツールとしてビジネスライクな方向で普及活動をしている人たちで、アカデミックというよりは、みんなの意識をシフトすることで世界が変わるというマインドにフォーカスした流れがあります。

彼らは、アカデミックな研究も必要だけど、一般の人の意識が変わらない限り、なかなか世界は変わらない。かといって、国は動かない。だとすれば、一般の人の大半は企業に雇われているわけだから、意識の高い起業家、経営者を啓蒙してその意識を変える。上の意識が変われば、その下で働く人たちの意識も変わるはずだと考えて、ビジネスをターゲットにした展開を始めたんです。

起業家を集めたセミナーを開催したところ、参加者のうちの30人がその場でタイムウェーバーを導入したそうです。台湾の人の意識とモチベーションの高さには驚きました。

台湾は、タイチー（太極拳）や風水が浸透していますから、もともと気というものが生活に密着していて、自然に受け入れられる気風があります。なので、その気を測定できる、タイムウェーバーのような機械にあんまり抵抗がないのかもしれません。

―― 自分たちが学ぶ速度よりタイムウェーバーの進化のほうが速くて、ついていくのが大変そうです。

**寺岡** そうなんですよ。やっとマスターしたと思ったら、「又、アップデート？」みたいな。（笑）タイムウェーバーは量子物理学と切っても切れない関係にあります。

量子物理の進化は目まぐるしく、日々、新しい発見や進化が起こっています。こうだと思っていたら、「いや、違った。こうだった」というふうに日進月歩で進化しているので、タイムウェーバーもそうやって進歩してきているのかなと。

「この間までこう言っていたじゃないか」と言われても、「でも、違ったんだからしようがないよね」と言い返せるぐらいの図太さがないと生きていけません。（笑）

## タイムウェーバー開発の目的は「人が気づく」こと

―― マーカス・シュミークさんは、もともと何をしようと思ってタイムウェーバーを開発したんですか。

**寺岡**　「人が目的意識をもって、人生の意味と意義に気づいてもらうこと」と言っています。このままでは地球がどうしようもない状態になる。宇宙のお荷物になっちゃうかもしれないところに来ている。

世界中でそれを乗り越えるためのいろいろな活動をしていて、もちろんそれは悪いわけではないけれども、今は二元性の世界なので、人の意識も裏表がある。活動が人々に浸透するのに時間がかかり過ぎてしまう。今、地球は危機的な状況であるはずなのに、残念ながら、それに気づいて行動する人はまだまだ少ないです。

マーカスがインドからドイツに帰国し、タイムウェーバー社を設立した理由は、人々の意識を目覚めさせることです。

地球の危機的な状況を救うには人々の意識の変容が必要です。その為には物質の世界と意識の世界の分離を再度つなぐことで、グローバルな世界観をもったリーダーを創出することです。何をすればそれを一番早く達成できるか。

短期間で一気に変化を起こすには、「意識」の目覚めを時空を超えたレベルで行うことのできる機械を開発する必要がある。そう考えてタイムウェーバーの開発と普及に乗り出したのです。

マーカスは、地球のどこかで大きな災害が起こったり、人間の意識に過度なショックが起こったりしたときに、地球レベルで放射されるエネルギーをヒーリングするために、グローバルアースヒーリングというプロジェクトを毎年2～3回実施しています。災害や戦争が起こったりすると、頻度がもっと増えます。

歴史をさかのぼると、プリンストン大学のロバート・G・ヤーン博士が１９７９年に、意識が現実の物質に本当に影響するのかという研究を開始しました。

それがＰＥＡＲプロジェクトで、ＲＥＧ（乱数発生器）という機械が使用されました。

この機械はランダムな乱数を生成し、それを0と1の数字に変換します。通常その比率は同じですが、研究者たちは参加者たちにその機械の乱数を制御する事に意識を集中する様に指示しました。すると小さいですが、統計的に有意差が検出されました。つまり意識がランダムな乱数の生成に影響を与えたわけです。

このＰＥＡＲプロジェクトは、その後プリンストン大学のロジャー・ネルソン博士によるグローバル・コンシャスネス・プロジェクトに引き継がれ「人間の意識が共鳴した時、乱数発生器に変化が起こる」という仮説のもとに1997年にスタートしました。このプロジェクトで有名なのは9・11事件や英国のダイアナ妃の葬儀、スマトラ島沖地震時に起こったREGの変化です。

現在、REGは世界の70カ所に設置されていて、世界中で人間の意識の揺らぎを時々刻々と検出しています。ほとんどの場合は、アップダウンはあっても、そんなに大きな問題はないのですが、検出していくと、何か大きな出来事が起こったときは大きく揺らぎます。何で揺らぐんだろうということで他でも実験が行われました。

例えばケンブリッジ大学のルパート・シェルドレイク博士は、英国BBCやヨーロッパのテレビ局を巻き込み、公開録画でたくさん実験したのですが、有名なのはクロスワードパズルの実験です。

イギリス人はクロスワードパズルが大好きなので、次の日の新聞紙上で出題されるクロスワードパズルを、前日、絶対情報が洩れないように隔離された場所で1000人の人たちに解いてもらいます。もちろん彼ら以外の人たちは次の日にどういうクロスワードパズルが出題されるか知りません。

翌日、新聞に出た問題を、前日と同じ人数の、まだその問題を解いたことのない人たちに解いてもらうと、その正答率は、前日に全く何もしなかった場合の正答率に比べて上昇します。

なぜそういう現象が起こるのか？　前日に既に1000人の人が問題を解いたということがエネルギー的にフィールドに記録され、それにみんながアクセスもしくは共鳴することによって無意識レベルで正答率が上がるのではないか、そういう形態形成場仮説をシェルドレイクは立てました。

ロジャー・ネルソン博士は、グローバル・コンシャスネス・プロジェクトを2002年まで行ったのですが2001年のある日、世界中の乱数発生器の波形が一斉に今までにないぐらい、大きく揺らぎました。これはどうしたことだろうと世界中のニュースを調べたのだけれども、何も起こっていない。おかしいなと思っていたら、4時間後に9・11が起こったんです。

何かが起こって、みんなが「大変だ！」と思ったときに大きく揺らぐことはわかっているけれども、まだ何も起こっていないのに大きく揺らぐということは、人の意識が予知能力的に強い何らかの急激な変化を察知もしくは感知し、無意識領域（集合的無意識の場）で世界中の人がそれぞれに反応して大きく揺らいだのではないか。

そこからこのような人の意識が存在する場所は、エネルギーフィールド＝量子場であり、量子場は人の意識を瞬時に感知して、それを検出することができるという理論が出てくるわけです。ただし、その理論には最低条件があります。ある特定の人数に達しない限りは影響力がないということです。クロスワードパズルだって２〜３人じゃダメです。数千人単位の人が同じことをしない限りは影響力がないのです。

その法則をマーカスはもちろん知っていました。

タイムウェーバーシステムはラジオニクスですので意識に関与することができ、それを同時に発信すると何らかの影響を及ぼすはずです。彼はその仮説をもとに、プリンストン大学に「タイムウェーバーという機械がある。その機械で同時に情報発信したら、何らかの変化を検出できるかどうか実験をしたい」と相談を持ちかけました。

実験の結果、揺らぎの範囲が物質レベルに影響を与えるという閾値を超えたのです。

タイムウェーバー台数が、ある範囲を超えれば現実に対して影響を与える可能性があるのです。人間の場合、普通の人の１００倍ぐらいの力がある能力者もいますが、毎回そんな人を集めるのは大変です。だとしたらタイムウェーバーを使った方が効率的です。

それが、今のグローバル・アース・ヒーリングプロジェクトになったわけです。

――3・11のときも揺らぎが検出されたんですか。

**寺岡**　それは聞いていないです。知りたいですね。スマトラ島沖の大地震のときは検出されてたので、3・11も検知されていないとおかしいですね。

――タイムウェーバーで揺らぎを起こすことができれば、人間の意識に気づきがおきて、よりいい世界がつくれるということですものね。

**寺岡**　人間だと、どうしてもいろいろな意識がまじっちゃうんですけれども、マーカスが書いた「科学におけるラジオニクスと医学」という理論本（HPから無料でダウンロードができます。www.timewaver.jp/product/theory.html）を読めばわかるんですが、理論的にエゴが入らないメカニズムになっていることがその理由と共に書いてあります。ほんとかなと思うけれども、私は物理学者ではありませんが、マーカスの本を読むと、納得できました。

――エゴをどうやって認識するんですかね。

**寺岡**　エゴを認識している訳ではなく、本人のピュアな意識のみを認識します。
タイムウェーバーは常にニュートラルな部分の意識を吸い上げて、エゴがまじったところは本人に戻るということのようです。

意識というのは、意識した瞬間にその意識の情報がこの空間に流れます。いろいろな意識レベルの情報が流れるわけだから、この現実は、自分の意識・プラス・空間の意識が関与します。それを「知覚」することで環境ができるので、それを私たちが「認識」することで現実が作られます。ですから、環境をつくる意識はエゴからは孤立しています。エゴが入らないから、幾らエゴ的なことを言おうが聞こうが、そこには反映されません。

エゴ的に「億万長者になりたい」と言ってもかなわない。そこの部分を吸い上げるわけではなく「なぜ億万長者になりたいか?」にフォーカスします。自分の欲望を満たすための機械ではなく「その人にとっての最適な状態にすることがテーマ」になると何度もマーカスは言っています。

## タイムウェーバーを日本に導入した経緯

――タイムウェーバーを日本に最初に持ってきたのは寺岡さんですよね。

**寺岡**　そうです。私がタイムウェーバーを最初に知ったのは10年前です。

これもとても不思議な話で、私はNESシステムというエネルギー分析デバイスを10年近く使っているのですが、NESも世界各地でカンファレンスやトレーニングがあるんです。ドイツのデュッセルドルフでカンファレンスに参加したときに、たまたまあるフランス人のプラクティショナーから「NESのカンファレンスだから、あんまり公には言えないんだけど、めっちゃおもしろい機械があるから、ちょっと見に来ない？」と言われたんです。

「どんな機械なの？」と聞いたら、「これこれだ」と説明してくれたんですが、そのとき私はすごい風邪を引いていて、頭がボーッとしていたから、何を言っているかよくわかりませんでした。

それがタイムウェーバーだったんです。今から思えばまだ開発当初で、出回っていないときのものでした。

すごいなと思いながらも、高熱で頭がまわらなかったことと、導入して間もないNESのことで頭がいっぱいだったので、「すごいけど、今日は体調が悪くて集中力がないので、後で資料を送ってくれるとうれしいな」「じゃ、送ってあげるよ」ということになって、日本に帰って2～3週間後に、ほんとにカタログがフランスから送られてきました。

パラパラ見て、何かすごそうだけど、今はNESでいいやと思って、以来、カタログはどこかの戸棚の奥にずっと埋もれることになりました。エネルギー関連の会議に参加してもタイムウェーバーのことは話題にも全然上がってこないし、私はそのままタイムウェーバーのことは忘れてしまいました。

ところが、4年前、もともとドイツのNES社にいた友人のロバートから「NESよりもっとおもしろい機械があったから、その会社に移ったんだ。もしリサがその機械に興味があるなら、日本に行くよ」というメールが突然ポロンと来たんです。「何ていう機械なの？」と聞いたら、「タイムウェーバー」という返事。私はその名前を完全に忘れていたので、「へえー、聞いたことない名前だなあ。考えておくわ」と言っただけで、そのまま放っていました。

その数日後、なぜか部屋を掃除したくなって、めったに開かない棚を開いて整理していたら、タイムウェーバーのカタログが封筒に入ったまま出てきたんです。封筒に入れっぱなしということは、要らないものだろうと思い、捨てようとして封筒の表を見たら「タイムウェーバー」と書いてある。

「あれ、この間、ロバートが『タイムウェーバー』って言っていなかったかな」と思って中身を確認すると、驚いたことにそのカタログは10年前にフランス人から送られて来たタイムウェーバーのカタログだったのです！　10年前、そして今のこのタイミングで起こったシンクロは「無視をしてはいけない」と感じ、これはもう観念するしかないなと思いました。

ロバートにさっそくそのことを伝えて、彼が来日することになりました。

その時の私は、タイムウェーバーについてはカタログでしか知識がなかったので、当時人気があったロシア系のエネルギー機器と同じような機械だと理解していたのですが、ロバートの説明を聞いたところ、エネルギーレベルを超えた意識レベル、そしてそのもっと上の次元までわかる機械とのことでした。私はエネルギーレベルを超えた領域に興味があったので、「これはすごい！　ぜひ日本でトレーニングを開催しましょう！」ということになり、２０１５年に日本で初めてタイムウェーバーのトレーニングを開催しました。

そこで知ったタイムウェーバーの機能や分析出来るレベルは今までの機械とは次元が違いました。こんなすばらしい機械を是非、日本の人たちに紹介したいと思い、すぐに契約して日本総代理店になりました。それがタイムウェーバーとの出合いの経緯です。

ロバートとはＮＥＳの時代からカンファレンスの度に会っていて、昔から何となくウマが合いました。

ロバートがタイムウェーバー社に移ったこと自体も不思議です。私がタイムウェーバー社と契約した数カ月後、ちょっとした用事があったのでメールを送ったら、何とロバートはタイムウェーバー社をやめていました。

新しい担当者に理由を聞くと、他に開発したいことがあってやめたとのことでした。その時は、少しショックでしたが、ロバートは私とタイムウェーバーを引き合わせるためだけにタイムウェーバー社にいて、役割が終わったので元の所に戻っただけと思うことにしました。

——一緒にやる人がふえて、これからもっとおもしろくなるところでいきなりやめちゃった。「何があったんだよ」という感じですね。

**寺岡**　とっても不思議です。

――ロバートさんは今、タイムウェーバーとは完全に関係なくなっているんですか。

**寺岡**　ところが彼、その後又、タイムウェーバー社に戻ったんです。私が彼の退社を知って1年後ぐらいに、ロバートは新しい機械を今度は自分で開発して、また何事もなかったかのように「やあ、元気？」と私に連絡してきました。「やめるなら『やめる』って一言、言ってよ」「ごめん、ごめん。ちょっと気まずいっしょ」「私も気まずいわ」みたいな。（笑）

やめてから彼はロシアに行って、そこで新しい機械を開発して、「今度の機械はオリンピック選手やアスリート用のすごい機械でタブレット型なんだ！」と言って、一生懸命説明するので「じゃ、いいよ。使ってみるよ」と言って使っていたんですが、結局、ロバートはまたタイムウェーバー社に戻りました。今はタイムウェーバー社でスポーツ部門の担当をしていて、アスリート向けのプログラムの開発をしています。もともとアスリート系の人だったので、そういうものをつくりたかったみたいです。

――ドイツのサッカーチームも見ているんですものね。タイムウェーバーはスポーツ以外にもカテゴリーがあるんですか。

**寺岡**　メインはメディカル・スポーツ・ビジネスの3本柱です。これが今一番力を入れているところです。

あと、今、携帯型のものを開発しています。

――欲しい。（笑）

**寺岡**　それはまた次の機会に。次々に新しいものが開発されるので追いつかないんですよ。

携帯型のものはスポーツマンに向いています。身につけて調整をかけながら走ったりできるので、パフォーマンスが上がるんです。でも、それは劇的にエネルギーが変化するので、つけていない人とつけている人で記録が変わってしまいます。もしかしたら、そのうち規制が入って、ドーピング扱いになる可能性もあるかもしれないという話もあります。（笑）最先端の何を使っているかによって記録も変わるというエネルギー合戦のような時代に突入しているのかもしれませんね。

――ドイツのメダルラッシュがあったら、タイムウェーバーの可能性が高いですね。

**寺岡**　ほんとですね。面白い時代になりました。（笑）

# Part 2

# 「え？ こんなことが答えなの!?」これがタイムウェーバーの醍醐味！

## タイムウェーバーで何ができるのか

### 自分のほんとうの目的に気づく

――タイムウェーバーで何ができるのかということについて深掘りしていきたいと思います。

タイムウェーバーは、さっきお話が出た〝可能性の揺らぎ〟というところがあり、その人のなりたい自分とか目標とか、そういった方向に向かわせていくわけですけれども、その場合、目標に向かって頑張っている人に対してエネルギー調整をして、頑張りの速度を上げていくみたいなことをするのか、それとも、エネルギーは実はその人の意識的なところにしか働いていなくて、意識が変わって目標到達の可能性が高くなるのか、どちらなんでしょうか。

**寺岡**　後者だと思います。タイムウェーバーで分析する際には、必ず「自分が何を望んでいるか?」を文章にして入力します。

こうなりたい自分があって、もちろん文言はそう書くんですけれども、その文言自体が、その人が思い込んでいるだけで、その人の本質にマッチしていないことも多々あります。

思い込んでいた場合、「それは思い込みじゃないか」ということを出してくるんです。これが占いマシーンではない理由です。

「望みが叶う・叶わないではなく、その前にその『望み』をあなたは本当に望んでいるのか？」というところをタイムウェーバーは出してくるから、それに気づけないと、出てくる答えは「？」です。「自分はこれを望んでいるのに、全然関係ないものが答えとして出てくる」ということになるわけです。

例えば「今年中に売り上げを一億円にしたい」と入力したとします。その人が一億円を稼ぎたい理由は、おカネ持ちになりたい、それを再投資してもっと大きな会社にしたい、等々、お金持ちになりたい理由の背景は皆違います。そしてなぜお金が必要かを実は深く考えていない人もけっこういます。クライアントの真意を知るために、タイムウェーバーを使ってガイドするのが、カウンセラーやコンサルタントの役割です。

「何で一億円が必要なのか？　それは５０００万円や2億ではどうしてないのか？」と突き詰めていくと、「あ、なんだ私、何となく思ってただけで深い意味は、なかったかもしれない」と気づくかもしれません。この様なカウンセリング的な部分は機械ではなく、人間が介在して、何回もセッションして、その人が本当に求めているものを引き出す事で「気づき」の速度がＵＰします。

タイムウェーバーは、その本人の言葉の背景にある真意に対して返事をします。返ってくる返事は一億円を稼ぐことと全く関係がないので理解できません。

「稼いで頑張るぞ」と思っている人が、「いやいや、あなたが今やらなきゃいけないことは、お母さんを大切にすることだ」とかそういうことが答えとして返って来ます。お母さんを大切にしたら、もしかしたら自分は知らなかった一億円の遺産をお母さんから相続する事になった、ということもあるのです。人は今まで生きてきた中で、「欲しいと思っているものを手に入れるにはこの方法しかない」と思いがちです。色んなセミナーに参加したり、本を読んで視野を広げたとしても、３次元的思考である以上、時間と空間に縛られるので、３６０度のうち15度ぐらいの角度でしか見えていない。残りの３４５度の可能性は全く見えていません。

宇宙の原理から見ると、「もっと簡単な方法は無数にあって、ほんとは、これさえすれば明日にでも手に入るのに、わざわざ遠回りをあなたはしたいの？」ということなんです。その人にとっては「手に入れるには、これしかない」のですが、ちょっと視点を変えるだけで簡単に手に入ることなのです。それは棚ぼたというよりは、ただ気づいていないだけなんです。

量子の世界に関して、ほとんどの人は「量子ってすごいよね」とか「そこにきっと真理がありそうだね」とか頭ではわかっています。でも、実用の方法がわからないので、タイムウェーバーに文章を入れるにしても、今の自分の見方での文章しか思いつきません。

タイムウェーバーは、文章の波動だけでなく、その言葉の背景にあるその人の思いも同時に読み取っています。その上で答えを出しているので、その情報はその人にとっては役に立つ情報なんです。

その情報を投げかけたときに、その人が共鳴できずに「関係ないや」と流してしまったら、その情報はごみになっちゃう。だから、その情報がその人のエネルギーをアップさせるというよりは、コミュニケーションしている。

例えば「毎日3キロ歩きなさい」という答えが返って来たとして、「何だかわからないけど、じゃ、一億円稼ぐために3キロ歩きます」と言って、一週間、毎日真面目に3キロ歩いた。そうすると、「ああ、なあんだ、自分は一億円稼ぐんじゃなくて、もっと人と親しくできるような事業を構築したかったんだ。人とコミュニケーションしたかっただけなんだ」とふと気づいて、目的がどんどん変わっていく。

そしてコミュニケーション能力をアップする努力をしていたら、気づいたら一億円稼げてた。それがタイムウェーバーの醍醐味なんです。

――なるほど。

**寺岡**　「えっ、こんなところに答えがあるの?」と、出てきた答えに対して、自分の今の思い込みとか、社会通念とかから離れることができないと、なかなか実現しません。

宇宙では私たちの意識を超えるようなネットワークが組まれていて、一日3キロ歩くことが一億円稼ぐための最短の方法なんです。それは人間の今の知識や理解の域を超えているから頭で理解する必要はありません。ただ「そうなんだ」と思うしかない。

――僕(阪本直樹、ヒカルランド総合プロデューサー)と石井さん(ヒカルランド代表)は、一番最初に寺岡さんにセッションしてもらったときに、2人とも仕事のことを聞いて、同じように「マグネシウムをとりなさい」と出ました。正直「はあ?」

だったけど、やっぱりやってみないとわからない。2人で焦ってマグネシウムを摂取しました。摂取する前も別に足がつりやすかったわけじゃないけれども、僕は今も摂取しています。

**寺岡**　「はあ？」で抵抗する人もいるし、やってみても、それが効いているかどうかわからないということもあるんだけど、素直に行動に移せる人は、気づいたら目的の方向に向かっています。ヒカルランドさんの方たちはみんな素直だからすばらしいですね！

――マグネシウムを摂取することによって健康がキープされて、より頑張れて目的に近づくという解釈もできますが、それをやることによって何かしらの気づきがあって、目的の方向に最短で行くわけですね。

## ワンネスに向かう意識

**寺岡**　私たちには見えないネットワークがあり、そのネットワーク上の最短の道につながることで、自分のほんとの目的に気づいていく。

実際のところマーカス※は、個々の望みなんかは、どうでもいいと思っているんじゃないかな。「勝手にやってくれ」って感じです。(笑) 彼は「人は基本的に善だ」という性善説の様ですので、意識が変わることによって自分のほんとの目的に気づくと、エゴを超えて人は必ず、人の役に立つことをしたいとか、人にもっと喜んでもらいたいという意識になるはずだと考えていて、それをタイムウェーバーでサポートしたいと思っている様です。

※ マーカス──タイムウェーバーの創設者、マーカス・シュミーク氏を指す。

人間の基本的な欲求である食べることや寝ることさえままならない状態では、世界平和とか、意識を上げるとか、そんな余裕はありません。マズローの欲求5段階説と同じで、まず食べる、寝るなどの生理的な欲求が叶わないと、次の欲求である「安全の欲求」(安全な住まいとか) には進めません。一人一人、ステップ・バイ・ステップで欲求を叶えなきゃいけないんだけれども、その先にはマズローの自己実現を超えるワンネスと呼ばれる人類の意識というか、そういったものが存在している。マーカスはそこに皆をガイドしたいと考えているんです。

── ビジネスで成功している企業家は、何かしら慈善活動をしています。人は個人的な欲求や帰属の欲求が満たされると、次には人を喜ばせたり、助けたい、世の中の役に立ちたい、という「尊厳欲求」が芽生え、その先に「自己実現欲求」という最終形態になりますよね。

**寺岡**　タイムウェーバーが経営者をすごくサポートするのは、企業が地球環境に一番大きな影響を与えるからです。マーカスいわく、モノづくりには全てつくり手の意識が入る。もちろんタイムウェーバーのような機械もそうです。

つくり手が誰にとっても喜ばれる製品を作ろうという意識でつくれば、人や自然に優しいものが世の中にどんどんあふれます。つくり手側の意識がすごく重要なので、「おカネ、おカネ」ではない人、「自分のところだけが儲かったらいい」ではない人たちをビジネス界につくるために、ビジネスにフォーカスしているんです。

例えば同じ携帯を並べても、iPhoneとAndroidでは、iPhoneのほうが何となく手ざわり感がいい。でき上がった形はとてもシンプルだけれども、考え尽されたプロセスが全部そのデザインに宿っていて、それを人々は感じて、さわった瞬間に「ああ」となる。

芸術も全てに意識が乗るけれども、モノも意識の高い人がつくればそれなりのものになり、それを使った人たちも触発されるということがあるわけです。

——僕はジョブズ（P229参照）がつくっていたときのデザインのほうが好きです。彼はカメラの出っ張りすら許さなかったそうです。そこまでこだわる意識が宿るから、それが欲しくなるんですね。

**寺岡** クック氏になってからエネルギーが変わりました。ジョブズはとにかく、こだわる。彼もマニアですよね。

——逆に、タイムウェーバーができないことはあるんですか。

**寺岡** 人を陥れることはできません。また、ダイレクトに何か物理的に人に影響を与えることもできません。必ず人の意識を介してバランスを取ろうとするだけです。

——呪いのわら人形のようなことはできない。基本的には人をよくすること、環境をよくすることしかできない。そう考えると、すごく優しい機械ですね。

**寺岡** 人類、世界が進化することを目的にしているのだと思います。

## タイムウェーバーは使用者を選ぶ／持てる人と持てない人がいる⁉

――タイムウェーバー社で最初にフォーカスポイントに入力した事は何なんですか。それはマーカスとか開発者の人たちの思い入れがあって、最初に入力されたと思うんですけど。

**寺岡** それは聞いた事はないです。タイムウェーバーはマーカスの意識がすごく大きくて、彼の意識に共鳴した人しか使っていないと思うんです。誰かがディストリビューターになりたいと言っても、その人がほんとに向いているのか、事前にその人の適性を見ているはずです。

――Tさん（タイムウェーバー導入者）から聞いたんですけど、Tさんが紹介した人を寺岡さんが断ったので、「寺岡さん、何てことしてくれてんねん」と。（笑）Tさんが紹介した方は「買いたい」と言っていたんですよね。

**寺岡** 私が断ったわけではありません。タイムウェーバーが断ったんです。（笑）その方は購入するために現金もご持参されていましたが、タイムウェーバーが「今はその時期でない」って言うので、そのままをお伝えしました。

私も心の中では「え～マジ!?」と思いましたし、（笑）後でうちの社長（寺岡丈織氏）にも、「ご本人が導入したいなら、別に良かったんじゃない？」と言われました。

――購入希望者は全部タイムウェーバーに聞くんですか。

**寺岡**　ご本人から聞かれたら聞きますが、そうやって聞く人は、大体あまり良い結果が出ませんね。（笑）タイムウェーバーの答えで難易度が高いと出ても、購入できる人はいるんです。なぜならお金が有る無しは関係ないからです。お金がなくてもそれが本人のミッションなら、タイムウェーバーは何とかサポートしようとします。タイムウェーバーは難題にチャレンジする人が大好きで、チャレンジャーを応援してくれるんです。一番大切なのはその本人の「意志」です。たとえ購入は無理と答えが出ても、じゃあどうやったら導入できるのか、という前向きの姿勢や、タイムウェーバーのアドバイスを素直に実践しようとする行動力が現実を動かすのです。でも残念ながら、タイムウェーバーにダメって言われると3次元意識から抜けられなくてあきらめちゃう人がほとんどです。それがタイムウェーバー式のテストなのかもしれません。（笑）

今のユーザーの方たちも、4割ぐらいの方が最初は全然ダメでした。それで何度かセッションを重ねて調整をかけていくと意識がどんどん変わっていきます。不可能と思っていたことが可能に思えてくる。そして現実が動いて導入されます。今も「まだ導入待ち」の人が4人ぐらいいて、セッションを続けています。

――ヒカルランドは一発でＯＫでしたか。

**寺岡** そうです。岡山で経営者にコーチングをしているＦさんもその一人です。彼の場合、どのモデルが彼に最適かを調べたのですが、その合計額が結構な金額でした。普通ならそれだけでドン引きですが、タイムウェーバーはそれを「一ヶ月で用意する」と言うのです。一瞬伝えるのをかなり躊躇しましたが、しょうがないのでその通りに伝えました。ところがＦさんもすごい。「わかりました。一ヶ月で何とかします」と言って岡山に帰って本当に一ヶ月後に導入されました。Ｆさんはタイムウェーバーを使い始めて約一年半になりますが、プラクティショナーの中では、ＴＯＰ３に入る使い手になっており、経営者や企業家のコーチングで大きな結果を出されているので、正しい選択だったと思います。このように今のタイミングでタイムウェーバーを導入している人たちは本当に、新しい世の中を作るミッションを持った、先駆者なんだろうな～と思っています。

――日本製フラワーエッセンスの開発者であり、タイムウェーバーのプラクティショナーである斉藤佐世子さんはどうだったんですか。

**寺岡** 斉藤さんも一発ＯＫです。ただ、彼女はその時全くおカネがなかったんで、

「どうしよう、集めよう！」となり、さっそくタイムウェーバーのセッションをしました。するとタイムウェーバーの結果の一つに「ラジオに出る」という指示がありました。その時は二人共「??」だったのですが、驚いたことにその数日後に、彼女に「ラジオ出演」の依頼が来たのです!!　そしてお金も数週間で集まっちゃったんです。タイムウェーバーを手に入れるという意味では、ラジオに出る事も含めて、資金を集めるまでのプロセスは、彼女が一番早かったんじゃないかと思います。手に入れるという意思が強いと、強い共鳴が起きるので物事の動く速度がアップするんですね。使い手を選ぶというのはほんとに不思議です。

もう一つ面白い導入例があります。ご夫婦でスピリチュアル的なコーチングとコンサルをしている方です。

そのご夫婦はタイムウェーバーの存在を全然知らなかったんです。奥様がチャネラーですので、上から「タイムウェーバーを調べろ」という啓示が来た。「何かわからないけれども、言われたので、とりあえずネットで検索してきました」。これにも驚きでした。何の予備知識もなく、価格も知らずに（!）来られました。一通り説明を聞かれた後、導入しますが資金が必要なようなので、また連絡します。といって帰られました。そして一～二カ月後に連絡があり「資金のメドがついたので導入します」と連絡がありました。とにかく、今タイムウェーバーを導入されている方々は本当に不思議な方が多くて、そしてとても魂がピュアというか意志が強いというか……そんな感じです。私一人、めっちゃ凡人で、ついていくのが大変です。(笑)

―― タイムウェーバーを開発したマーカスが、最初にタイムウェーバーに聞いた質問にどういう点数が出たのか。「これが全世界に今すぐ広がります」とか入れて、9とか10が出ていたら、ちょっとおもしろいなと思ったんです。

**寺岡** ドイツで受講したトレーニングでは、いつも次元の高い願望は常に、9とか10(タイムウェーバーで直接質問をする際に、その可能性のレベルを1～10の数値で表わします。1に近いほど高い可能性を持っていると解釈します)のように「達成不可能」に近い数字ほど良いと教えられます。なぜならそれを人生のテーマとしてチャレンジする甲斐があるからです。

皆さん最初は何が何でも1を出そうと思って頑張ったりするんですが、そんな必要は全くなくて、人生をもっと楽しまなきゃいけないというのもマーカスの信念の一つです。

人生は試練の連続でその試練に打ち勝つ時代はもう終わって、心軽やかに豊かに、物質レベルのいろいろなものも享受しながら難しい問題にチャレンジしていく。それがきっと、この体を持って生まれてきた私たちの一種の楽しみなんじゃないかと思います。

――スピ系でよく言う「魂が喜ぶこと」をしていくと、本質的に叶えたいことがかなう、そんな感じなんでしょうね。

**寺岡**　もちろん努力は必要ですが、がむしゃらに努力したらいいというものでもないんです。９とか10が出たら必死でチャレンジしなきゃいけないということはなくて、そのチャレンジをどうやって攻略するかっていう一種ゲームのように考えると面白くなると思います。「大変、できない！」とネガティブな意識に囚われると、タイムウェーバーからすぐに指摘され、「また、ネガティブ・パターンに入ってますヨ！」と警告がくる。そうすると自分を客観的に見ることができて、また、目標に向かって、チャレンジする。そうやって、一歩ずつ魂が喜ぶ生き方に近づくのかなあと私は思います。

## タイムウェーバーの基本はウェルビーイング

――タイムウェーバーには機能がたくさんあります。タイムウェーバー・ビズ（TimeWaver Biz）のモデルであれば、ビジネスの問題点を分析して調整するリストをつくって、可能性を上げていくことができます。それは何となくわかるんですが、メッド（Med）のモデルでは何で体や経絡が見られるのか。もともとビズが先でメッドが後に作られたのですか。

**寺岡**　最初に開発されたのはメッドモデルです。心身ともに健康を目ざすウェルビーイングが基本です。ラジオニクス系のデバイスのほとんどは心身のバランスをエネルギー的にチェックするためにつくられています。ロシア製のものも、ほとんどのエネルギー測定機械が体と心をチェックする目的なので、逆にビジネスの分析ができるデバイスのほうが珍しいです。

タイムウェーバーは12次元構造です。これは6次元までがエネルギーレベル、7次元以上が意識レベルです。エネルギーレベルの中でも、1次元から4次元までと、5

| | | | |
|---|---|---|---|
| X12=G4 | 超空間 | 背景空間 | 神, 根源 |
| X11=G3 | | | 神の意志 |
| X10=G2 | | | ゴッドマンフッド |
| X9=G1 | | | 自由な人間の意志 |
| X8=I2 | | 情報空間 | 魂: 個人と宇宙のアカシック・レコード |
| X7=I1 | | | 静的なエネルギー |
| X6=S2 | | 構造空間 &<br>構造の貯蔵庫 | 宇宙のデータバンク |
| X5=S1 | | | 形態形成場 |
| X4=Z (R4) | 空間 - 時間<br>連続体 | 時間 | 時間 - 時空 |
| X3=R3 | | 地球空間 | 長さ x 高さ x 高さ: メンタル体、思考を司る |
| X2=R2 | | | 長さ x 高さ: アストラル体、感情を司る |
| X1=R1 | | | 長さ: 肉体レベル、物理次元 |

ハイムの12次元階層

次元から6次元までとでは、すごく大きな差があります。（P19の図参照）

1次元から4次元までは時間と物質の世界、目に見える世界で、私たちの肉体や経絡もこの世界です。今まではエネルギーの調整といえばここまででした。

5次元、6次元はエネルギー・コントロール・レベルと言われていて、3次元レベルを制御しており、6次元から上の意識レベルをつなぐための領域と言われています。

6次元よりも上の意識レベルも、9次元から12次元までが一番難易度の高いマインドの領域で、この部分を理解するためには、7次元、8次元のグローバル・インフォメーション・フィールド（GIF）※を介在させなければならない。

それで初めてコミュニケーションできます。５次元・６次元と、７次元・８次元の２つが上の世界と下の世界をコネクションしているんです。

※ＧＩＦ——グローバル・インフォメーション・フィールドの略で、物理空間とスピリチュアル空間のインターフェースと言われている。

肉体レベルは４次元までの世界です。４次元までの世界は上の次元からじゃないと俯瞰できないんですが、今までのラジオニクス系とかロシア系の機械は、４次元までの情報を拾ってくることで、まだ物質化していない量子レベルでの、エネルギー情報の歪みやエラーを見つけ出すことができるのです。これだけでももちろんすごいです。私が思うに、体のことは物質レベルのエネルギーなので、八割方４次元までの情報で対応出来ますが。２割ぐらいは４次元までの情報だけでは解決しない問題が、それより上の世界にあるのではないかと思うんです。

それをどんどん追求していくと、意識を見るしかないということになり、心の世界が「どこにあるのか？」となるとそれが７次元～12次元となるわけです。タイムウェーバーはその全てが見れるわけですが、もちろん、４次元までの世界も見れますから、最初に広がったのはホリスティック医療や統合医療を行っている医療関係者たちです。

ドイツはエネルギー医療先進国ですが、エネルギー医療だけではなくて、メディカル・ハーブとか、鍼灸などの中医学・アーユル・ヴェーダ、東洋医学、そういったものを統合して治療しています。エネルギー医療はその一部です。

――日本は進んでいるようでいて、実は大分おくれていますね。

**寺岡** 私の感覚では15年は遅れています。欧州ではエネルギーがあるないの話は終っていて、今はどう臨床を積むかの時代に入っています。「エネルギーは怪しい？ はあ？ 日本、何言ってんの？」という話です。

――島国だなあ。(笑)

**寺岡** 日本ではまだエネルギー医療が「怪しい世界」になっていて、「意識レベルが分析出来るなんてありえない」となりますが、ヨーロッパでは、エネルギーレベルについてはあることが前提で多数の臨床データを積み上げていますし、意識についての多数の研究や実験も行われています。それぐらいのずれがヨーロッパと日本にはあるんです。

――今はタイムウェーバー以外のラジオニクスの機械でも、1次元から4次元までの世界は網羅されているんですか。

**寺岡** 網羅されていますし、怪しいとかそういう問題じゃなくて、現実のレベルで十分使える域に来ていると思います。ロシアやドイツでも統合的見方のサポートに使っている医療関係者も多く存在します。

今、情報領域を分析できるデバイスはほぼ6次元ぐらいまではアクセスしています。GIFの7次元まで見られるものも、それほど多くはありませんが、幾つかあります。NESシステムもその一つです。8次元までアクセスできるデバイスは現時点ではないと思いますね。9次元から12次元までアクセスできるのは今のところタイムウェーバーだけだと思います。

## 時空の移動ができるコズイレフ・ミラー

――タイムウェーバーの理論の小冊子、早く読みたいな。「えっ、みんな読んでないの？」というときの、あの寺岡さんの一瞬の悲しそうな顔。（笑）

科学におけるラジオニクスと医学

**寺岡**　頭が痛くなるけど、めっちゃおもしろいです！　シェアして皆で「すごいよね」と言いたかったのに。（笑）マーカスが書いた「科学におけるラジオニクスと医学」（Ｐ31参照）の中にタイムマシーンの話も書いてあります。私、タイムウェーバー社のドイツのカンファレンスでコズイレフ・ミラーを体験して来ました。

――えっ、実際に作動させたんですか。

**寺岡**　作動というか、入るだけです。それはニコライ・コズイレフさんというシャーマンにして天才宇宙物理学者でもある人が開発したコズイレフ・ミラーというアルミで出来た時間波放射の反射率が１００％の、シリンダー状の小部屋です。その中に入ったら時空の移動ができます。

ロシアに５台、ドイツに３台あって、タイムウェーバーのカンファレンスに行くと

コズイレフ・ミラー

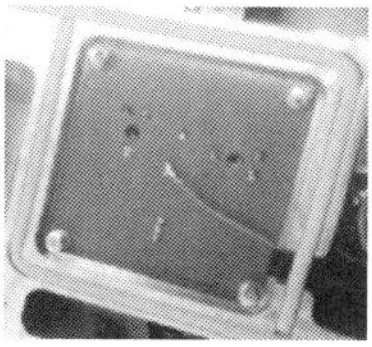
コズイレフ・ミラーの部品

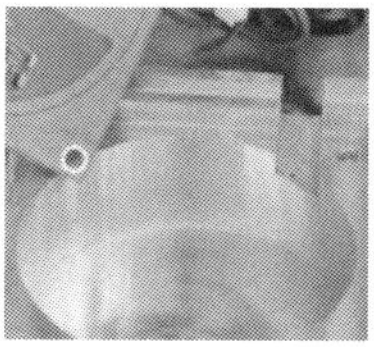
タイムウェーバーの部品

そこにいつも2台設置されており、入ることができるんです。

タイムウェーバーの中にはコズイレフ・ミラーの縮小版のミラーが入っていて、私がドイツで入ったのはその原型で、人が入れるサイズの大きなものです。驚くべきことに、その機械で未来のアンドロメダ星雲の姿が撮れたんです。

コズイレフさんは、コズイレフ・ミラーを開発する前に時間波望遠鏡を開発しました。宇宙物理学者でもあるので、遠くの星を撮りたかったわけです。

あるとき自分の弟子がスイッチを切り忘れて、望遠鏡が一晩中、星の画像を録画しました。次の日に見たらアンドロメダ星雲が写っていました。

アンドロメダ星雲は200万光年先というたいへん遠くにあって、アンドロメダ星雲から出た光が地球に到達するには200万年かかります。今、私たちが見ているアンドロメダ星雲の光は、200万年前にアンドロメダ星雲を出て地球に到達した光です。

きれいなアンドロメダ星雲だなと思いながらそのデータと位置を見ていたら、何かがおかしい。彼は「あれ、これは200万年前のアンドロメダ星雲の位置と違うんじゃないか。変だな」と気づいて、写真に写った位置がどういう関係にあるのか分析してみました。

すると、計算上では、その写真のアンドロメダ星雲は、200万年前のものではなくて、写った日のものだった。今この瞬間の光が写っていた。それは現実レベルではあり得ません。ということは、時空を超えたということなんです。

その後、このミラーに一体何が起こっているのか、もしかしたら未来も撮れるんじゃないかということでコズイレフさんは実験したわけです。

結局、未来も撮れました。このあたりの経緯はちょっとややこしいので、詳しくは小冊子を読んでもらいたいんですが、未来も撮ろうと思って、軌道上、200万年後にあるであろう場所に望遠鏡を向けて撮ったら撮れたんです。

星雲の渦巻きの状態も刻々と変わっていて、それは大体シミュレーションできるので、２００万年後はこういう形だろうというシミュレーション写真をつくり、ほんとにそうなのか、実際に写ったものと照らし合わせたら、ほぼシミュレーションどおりの形になっていたそうです。

ただし、その画像の70％は鮮明でしたが、残りの30％は欠けていました。これは欠落していた30％が「ない」ということではなく未確定という意味で、今後起こる未来によって確定していく事を示しています。その後、何回実験しても同じ結果が得られ、これに感動したマーカスが、これをタイムウェーバーに入れたら未来の予測もできるんじゃないかと考えて、コズイレフ・ミラーが入っちゃったわけです。

――「Ｆｕｔｕｒｅ」と出ているところですね（Ｐ２１９参照）。

**寺岡** 今の常識で考えるとかなり怪しいと思われるかもしれませんが、なかなかおもしろいメカニズムです。

コズイレフ・ミラーに初めて入ったとき、「最初の15分は、大体みんな気持ち悪くなって、吐いちゃったりするよ。２～３回は入らないと体験できない」と言われたんです。ドキドキしながら緊張して入ったら、案の定、頭は痛くなるし、気分も悪くなったんですが、我慢しなきゃ次に行けないと思って我慢しました。15分後、はうよう

にして出てきて、「何も起こらない！」。（笑）

この機械は、完全に計算されたミラーの反射を使っています。合わせ鏡の原理と同じで無限大に反射します。特殊な加工の溝が掘ってあって、その溝が反射することによって、シリンダー状のど真ん中に一つの光が集約された、時間が圧縮された場ができるようです。

私の解釈では、俗に言うアカシックレコード的な空間がそこに発生するんじゃないか。その宇宙に自分が入ると、そこはもう3次元でなく時空を超えた世界なので、過去でも未来でもどこにでもアクセスできる状態になるのではないかと思っています。

ただ、そういう体験がないから、気持ちが悪くなる。天地が逆転するような、脳の軸がずれるような、何とも言えない感じになるんです。

――海の中で上下がわからなくなるみたいな。

**寺岡**　そうそう。上下がわからなくなるような感覚に陥っちゃうんです。でも、3回目だったか、突然、私にもいろいろなビジョンがおりてきました。

そのときはタイムウェーバーを導入したばかりのホメオパスでもある大阪の女医さんもコズイレフ・ミラーを体験しました。

彼女は過去に行ったみたいで、「私は中世の服を着てどこどこを歩いて、誰かとしゃべって」みたいな話をしていました。私のビジョンは、日本で、いきなり全く見たことのない女性が目の前にバーンとあらわれて、近い将来、私のサポートに入ると言いました。「○○」と名前も書いてありましたが、それは口に出して言っちゃいけないと思っています。ただ、忘れちゃうからと思って書いておきました。彼女、まだあらわれません。会えることが楽しみです。とにかく、コズイレフ・ミラーはとってもおもしろいです。日本に一個欲しいですね。

―― 幾らぐらいするんですか。

**寺岡** ユーロで言われたからよくわからないけれども、数百万程度のものだったと思います。そんなに高くないな、タイムウェーバーより安いかなというイメージでした。特殊加工していると言っても、ただの筒だから。（笑）タイムウェーバーのほうが構造的にはずっと複雑ですから。

ただ、このシリンダーは花崗岩とアルミニウムを特殊な割合でまぜてつくっています。その割合じゃないとできないそうです。

# Part 3

# エネルギー医学・情報医学から見るタイムウェーバーの機能

## タイムウェーバー・メッド（TimeWaver Med）の機能

――タイムウェーバーの実機能的な部分を教えていただきたいと思います。例えばメッドモデルだったら臓器のエネルギー場を見ることができると思いますが、その機能でこんなことができたということを事例を交えながら教えていただけますか。

**寺岡**　物質的現象の元データである情報場には臓器や組織のネットワーク情報が存在していると言われており、その情報領域にアクセスするのが、このモジュールです。内蔵しているデータベースには、フィジカル・レベルに始まり、微生物レベル・生化学レベル・精神レベルに及ぶ約65万データが入っていますので、調べようと思ったらどこまでも細かく分析可能です。私は医師ではないので、全く使わないデータが多数ありますが、医学的知識があれば役立つ情報はたくさんあると思います。

例えば病院で「肝臓の数値が悪いので再検査しましょう」と言われたとしても、エネルギー的に見た場合には全く別の見方をします。エネルギー医学的に見ると「肝臓」に限らず全ての組織はそれぞれ固有の振動数を放射しています。

人体の臓器の周波数は人種・性別・年齢に関係なく、共通した振動数を持っていると言われますので、健康な肝臓の正しい振動パターンがあったとして、もし被験者の肝臓から放射された振動数が、本来の肝臓の正しい振動パターン数を放射してなかったとしたら、タイムウェーバーはそれを感知して適合率をパーセントで表示させます。この原理をもとに、全ての臓器、それから染色体レベル、DNAレベル、体に関係するあらゆる振動数を拾いながら、瞬時に今のエネルギー状態をスキャンすることができるんです。

物理的な体に症状が出るのは、エネルギー医学的に見れば、高いエネルギーレベルの振動数から徐々に物質レベルに振動が落ちることで、物質化していると言われています。痛みや症状が出る前のエネルギーレベルで気づけたら、物理的症状で苦しまずに済むかもしれないし、実際そのほうが経済的です。(笑)

12次元構造から見ればエネルギーレベルが4次元まで落ちた段階で、身体的にも体感が出ると言われています。でも、4次元より上の段階、より周波数の高い領域で情報を拾っていれば、体に感じる前に調整できます。だから、極力高いレベルで問題の種を見つけて調整をかけておけば、ウェルビーイングを維持できます。

タイムウェーバーは占いマシーンでも魔法の機械でもないので、「今、病気や不調のある人は、まず医者に行くこと」をすすめています。

現代社会において既存医療や緊急医療は物理レベルでは必要不可欠です。エネルギー医学・情報医学では、物理的・身体的なものという目に見える情報だけではない領域をサポートしています。いくらクライアントさんが病院で「肝炎です」と言われたからと言って、特定の臓器や組織をエネルギー的な方法でヒーリングしたら良いかと言えば、それだけでは問題は解決しません。

病院で治療してもなかなか治らないのは、肉体レベル以外の何かが阻害要因としてあるからかもしれないので、そこをケアするのが私たちのエネルギー医療のセラピストであると考えています。

私は、エネルギー測定器を使ったウェルビーイングの仕事を15年ずっとしてきました。

タイムウェーバーに出会うまでほかの測定器でヒーリングをしてきましたが、そのほとんどが心身の健康相談です。病院では治療法がない、検査をしても原因がわからない方も来られます。例えば「肝炎」と診断された方の肝臓をタイムウェーバーでチエックしても、優先項目として検出されるかどうかはわかりません。エネルギーの世界では現象に対して「良い」「悪い」と言った2元性的な判断をするのではなく、いま現在のエネルギーバランスを最適にするためには肝臓のサポートではなく、他の領域の情報修正が必要であれば、それを表示します。それが物質レベルで診断された臓器と一致するとは限らないのです。

タイムウェーバーで肝炎の人を分析しても、肝臓に関連するものが検出されないと、ほとんどの人は、「これ、当たらないね。バイバイ」となるんですが、当たる当たらないではなくて、タイムウェーバーは対処的な方法ではなく、どうやったら、最短で、その本人が自分の歪みに気づいて、自分で治癒能力を目ざめさせるのかをサポートします。

でも、それは肝臓をケアすることではなくて、免疫のエネルギーかもしれないし、血液バランスやメンタル・ストレスだったりする。オーガン・コヒーレンス※で原因を見ると、「肝臓の問題よりは、『食生活』や『毒素の蓄積』だったり、血圧と関係しているのは原因となっているのは『夫婦関係』の改善」などが出てきたりする。優先度が一般的な考え方と全く違うんです。

※　オーガン・コヒーレンス――臓器をエネルギー的に分析するためのアプリケーション名。

例えば、「肝臓のバランスをとるには、今、血液の循環システムの優先度が高いです」がトップで出てきたとします。

じゃ、何で血液の循環システムの優先度が高いのか。その原因を調べたら、「血液の浄化」と「メンタルや感情との関係性」と出るかもしれない。「血液の循環の問題はメンタルの問題に関係している」という結果は、これまでの常識では全く理解ができないと思います。でもエネルギーのネットワークは、関係ないものとコネクトすることはありません。

メンタルの問題とは、例えば「バーストラウマ」とか、「何度も同じことばかり繰り返し考えても答えの出ないテーマ」とか、いろいろ出てきます。

もし病気の原因がそれだとしたら、その問題に気づかない限り臓器の調整をしてもなかなか解決には向かいません。肝臓のアンバランスが血液システムと関係していたとしても、その背景に思考パターンがあるなら、思考パターンを変えないと血液システムは戻らないし、肝臓のバランスも戻らないという事になるのです。

自分の無意識下で自動的に再生されているテープレコーダーのようなパターンをストップする必要があります。それによって結果的に血液も肝臓情報も最適化されます。遠回りに見えても、このほうが近い場合もあるんです。そのためにある機械がエネルギー測定器なんです。タイムウェーバーだけではなくて、他の多くの測定器も同じだと思います。今までの病気に対するロジックでデバイスを使うとその良さが生かせないと思います。

――ただの確認になっちゃう。確認なんて誰も求めていないですものね。

**寺岡**　「やっぱりそうだったね。この機械、よく当たるね」とか、(笑)当たる当たらないじゃなくて、本人の気づいていない原因をエネルギー的に臓器レベルで測定できて、その原因や理由もわかるというのが、タイムウェーバーのような機械の一番面白い機能ではないかと思います。

＊　本文に出てくる「分析」や「検出」という言葉は全てエネルギーレベルであり、物質的な身体を見ているわけではありません。また、タイムウェーバーは既存の科学、既存の医学では認められておりません。

## メッドシステムでのセッション事例

——寺岡さんは、実際にオーガン・コヒーレンスでたくさんのクライアントさんを見られています。「この人はこう変化されたんですよ」という事例は何かありますか。

**寺岡**　私は直接体に働きかけることは何もしません。（調整法も遠隔なので）。ヒーリングは全てエネルギーフィールドで行われます。エネルギー医学の理論で言うと、私たちの身体の設計図はエネルギーフィールドに存在しているとすると、その設計図を修正することで、結果的に物質的な身体にも反映されることで元気になります。

みんなそれぞれ原因が違います。例えば何かの病気を診断された場合でも、エネルギー治療ではそれはただの病名です。病名にフォーカスすることに意味がないのです。それよりもそこにはどんなメッセージがあるのかにフォーカスします。

物理的な身体をヒーリングしたほうが良い場合は、タイムウェーバーはちゃんと「病院に行って、ちゃんと検査や物理治療をしたほうがいい」と出る場合もあります。

——優しい。（笑）

**寺岡**　もちろん同じ病名でも全員その原因とメッセージは違いますから、「あなたの原因は、父親にブスと言われたトラウマから自分の容姿への攻撃性が病気と関係しているので、家族関係を調整したほうがいい」とか言われます。同じ病名の人でも、100人いれば100通り原因もメッセージも違います。

私は、どの様な病気でも恐れる必要はないと思っています。人間の設計図であるボディー・フィールドのどこにも病名は書かれておらず、あるのはただのアンバランスです。バランスを元に戻すためには、その人へのメッセージとして、どの症状を出せば一番気づきやすいかということで、特定の部位に物質的に症状を出すのです。病気は自分がフォーカスしなきゃいけないところをさけ続けた結果なので、怖がる必要は全然ないと思います。

例えば、うつや統合失調症、アレルギーなど、既存の医療では原因がつかみにくいと言われている慢性化した症状には、エネルギー医療がとても役に立つ一つのツールになるのではないかと思います。

私の例ではないんですが、自分の息子さんに先天性の心臓の異常があり、一年間ずっと情報を送り続けた結果、行動制限の幅が以前より広がった例もありました。

染色体の異常がある発達障害の方のケースでは、言葉で表現できないため、タイムウェーバーはほんとに助けになりました。この方は障害のためしゃべることがほとんどできないため、症状が出るまで具合が悪いことがわからないので、重症化しやすいわけです。そのため、常に膀胱炎をくり返す状態でしたが、アンバランスなのは子宮のエネルギーだと出たので、子宮のエネルギーをヒーリングしたらずい分楽になったようで、膀胱炎をくり返すこともなくなりました。普通に考えると膀胱と子宮はつながりませんが、タイムウェーバーならではのフィード・バックだと思います。

## ウイルスは情報で感染する?!

**寺岡**　エネルギー医学では、ウイルス・細菌などの微生物について既存の医学とは大きく異なった見解があり、これには私も最初は驚きでした。これも仮説ですが、ウイルスは実際には存在していないかもしれないという考え方があります。もちろん体からは「〇〇ウイルス」が検出されるんですけれども、それが感染する理由はほんとは誰にもわかっていないと言われています。例えば、インフルエンザは唾液が直接接触すると感染しますが、ウイルスは細菌とは異なり生きた細胞の中でしか増殖できないため、空気中や土の中などの環境では増殖しないのです。外側では検出できないということに誰もフォーカスしていない。マスクを着用しても感染する人と感染しない人の違いは免疫だけとは限りません。海外から日本に来た外国人の方は、日本のマスクだらけの光景に驚いています。

エネルギー的に見ると、ウイルスは意思を持っており、人間の意識に共鳴するとボディー・フィールドにエネルギー的に発生すると考えます。

ウイルスの領域はすごく振動数が高いものが多いですが、ほとんどはエネルギー領域を超えたＧＩＦ（Ｐ57参照）という情報領域に共鳴するので、次元的には６次元、７次元となります。

ＧＩＦ領域では、ウイルスはただの情報なんです。私たちは、「ウイルス感染」ではなくて「情報感染」という呼び方をしています。情報で感染するわけです。

パンデミックは、最近みんなが飛行機ですぐにどこにでも行けちゃうから起こると言われています。でも本当にそれだけの理由でしょうか？　同時多発的に感染するということは、世界をつなぐ情報のフィールドのネットワークによって情報が瞬時に伝わる事によって起こっているかもしれません。

慢性病や、難病と言われるものはほとんど全てウイルス、細菌の情報パターンと共鳴があると言われています。慢性病や、難病の人たちはGIF領域の情報に共鳴することによってみずから病気の情報を固定化します。人間の構造はある意味コンピューターととても似ていますので、感染はコンピューターウイルスに侵入されたコンピューター状態と同じです。

映画「マトリックス」をごらんになった方は多いと思いますが、ウイルスに感染したコンピューターは、ウイルスの情報に支配されて、一気にその情報どおりに動かされます。人間でもこれと同じことが起こり得るのではないでしょうか?

じゃあ、ウイルスは何に共鳴して来るのか。人間にはボディ・フィールドがあり、そこには電磁的に記憶できるシステムがあるなら、自分が何か情報を発信すると、その情報パターンに共鳴した情報ウイルスが「あ、何か呼ばれてる」とそのフィールドに引き寄せられます。

彼らが存在するためには宿主が必要なので、来た瞬間に寄生し、「呼ばれたけど、ここは何か居心地が悪い。自分たちが居やすいようにしよう」ということで、その情報パターンを一気に宿主のフィールドに流します。寄生されると、情報ウイルスが存在しやすい状況にするために、情報の書き換えがどんどん起こりますが、宿主は一向に気づきません。情報ウイルスのすみやすい環境に支配されることによって、DNA情報にエラーが起こり、体の本来の正しい健康状態や形状の設計図に書き換えが起こっているのではないか？　これがエネルギー的な見方なんです。

私たちはみんなウイルスを敵視するけれども、ウイルスは意思を持ってそこにいるだけで、全然悪くないんです。「呼ばれたから来たんですけど」という話です。じゃ、何に呼ばれたのか。ウイルスや、細菌などの微生物は6～7次元なので意識の領域です。人間の意識の情報パターンにとても近いんです。特に恐怖や恐れとウイルスとは共鳴することがわかっています。ウイルスが共鳴を起こすような情報を常に発信していると、ウイルスがピュピュッと来て情報感染を起こす。

第一次世界大戦後、スペイン風邪が世界中で同時に流行って、当時の感染者が5億人、死者5000万～1億人と言われています。スペイン風邪の流行については、世界中を巻き込んだ第一次世界大戦の終盤から流行しています。人々を恐怖に陥れ、その恐怖が世界中を支配したことで、恐怖と共鳴したインフルエンザウイルスが、スペイン風邪の流行という形で体現させたんじゃないかという説もあります。

パンデミックが起こるときは、世界的に政治への不満や生活苦のような大きなストレスが続いたという時代背景があります。14世紀に大流行したペストは世界の人口が4・5億から3・5億に減りましたが、この時代は支配者階級と市民生活の格差がひどく、市民は劣悪な環境の中働かされていました。その怒りのエネルギーの爆発が一気に放射されたとも思えます。感染は貧富の差に関係なく共鳴を起こしますので平等ですよね。ウイルスは人類が登場するずっと前から地球上に存在していた太古の生物です。もともと彼らのほうが古いわけだから、感染症という形で地球のネガティブなエネルギーを浄化していくという役割もあるのかなと思います。

――インフルエンザにかかった人間と3時間ぐらいクルマに同乗しながら、感染しなかったということがあります。

**寺岡**　うつる人はうつるし、周りに100人のインフルエンザ患者がいても、うつらない人は全くうつらないですよね。意識が背景で関与するから、ウイルスに対して恐怖を感じると、恐怖がインフルエンザウイルスに共鳴して情報感染してしまうのでしょう。情報がコミュニケーションするんです。

――そのとき、ウイルスを殺すスプレーをかけたマスクをかけていて、これで完璧だと思っていました。それで恐怖を感じなかったということですね。

**寺岡**　もちろん、スプレーの物理的作用もありますが、意識として「大丈夫」と思える事も同様に影響します。プラセボ効果は利用したほうが良いし、それを利用したプラセボ薬がアマゾンで売られているぐらいですから。

――僕は、インフルエンザの予防接種をしたときだけインフルエンザになりました。

**寺岡**　それはハーネマンのホメオパシーの原理と一緒ですね（笑）。予防接種やワクチンに関しては賛否両論ありますが、正しい情報を知って他人の意見をうのみにするのではなく、自分で判断する力が必要です。予防接種については、日本ホメオパシー医学協会の由井寅子さんがいくつか本を出版されているので、読んでみるのも良いと思います。

## 放射線のトラウマ!? 3・11東日本大震災でのケース

**寺岡** 3・11のとき、私はその2日後に大阪でセラピーをすることになっていました。原発事故が起きたと知るや、これは大変なことになる、早目に大阪に行っておいたほうがいいと思い、すぐに新幹線で大阪に行きました。次の日には電車がとまっちゃったので、ラッキーでした。大阪には実家があるので、実家に泊って、予定どおり大阪でセラピーをしました。

大阪は東京とは全然感覚が違いました。大阪の人は「何か大変そうだね」とかそんなレベルでした。でも、そのときはNESセラピー※だったんで、NESで15人ぐらいスキャンしたら、15人全員が環境エネルギーの感受性の部分で核放射線に共鳴していたのです。放射能の影響はその時点ではまだ関西には到達していない時期でした。

※ NESセラピー——NESシステムというエネルギー測定器を使ったセラピー。

私はウイルスの共鳴の仮説を知っていたので、放射能もウイルスと同じで意識レベルに関与するんじゃないかと直感しました。放射能の情報パターンも同じ様に高いものが多いので、原発事故という情報が、15人の人たちの意識に関与して、そのエネルギーが放射能の周波数に共鳴し、それを機械が感知して検出したんじゃないかと思ったんです。

一週間後ぐらいに東京に帰ってセラピーをしたら、そこでもセラピーを受けた人は全員放射能の感受性が「赤」で表示されました。その結果を見た時、興味深いことに大阪と東京で大きな違いを発見しました。大阪の人のエネルギーは放射能にしか共鳴していなかったのに、東京の人のエネルギーは放射能・プラス・心的トラウマが出たんです。しかも、心的トラウマはみんな同じ場所に関係していました。それが脳の視床の情報です。全員が視覚中枢にエネルギー的なリンクがある「目で見たもの」というトラウマが検出されたのです。

――東京も結構揺れましたしね。

**寺岡**　揺れたので、大阪よりも被災ということを身近に感じたし、ずっと津波の映像がTVで流れていたので、視覚的な情報によるトラウマを作ってしまった。一ヶ月後の大阪では、放射能に関するトラウマの反応はなくなりました。ところが東京の人は一年たっても一年半たっても出続けました。やはり心的トラウマは簡単には消えない事を実感した出来事でした。

――タイムウェーバーのタイムラインでさかのぼって見たら、西側の人は、阪神・淡路大震災が起こった日じゃなくて、その前後でトラウマが出ていることが結構多いんです。

**寺岡** そうですか。阪神・淡路大震災については測定したことがないんですが、出てきましたか。私自身も当時、大阪に住んでいたのでどっちかというと阪神・淡路大震災のほうがトラウマです。

――揺れもすごかったし、視覚的にもすごかったですから。

**寺岡** そうですね。視覚から入った情報は聴覚同様にトラウマになりやすいことは、エネルギー医学の世界でもよく言われています。

3・11のときの話に戻りますが、セラピスト仲間がたくさんいるので、みんなで震災の後、「とにかく助けに行こう」ということで、多くのセラピストが被災地に行きました。

当時はまだタイムウェーバーはありませんでした。NESしかなかったんですけれども、情報感染という意味では、被災地から帰って来た人をチェックして初めて、放射能は怖いようで、実は怖がらなくても良いのでは?と思いました。皆さんやみくもに被災地に行ったら放射能に汚染されると思っていますが、これらにエネルギーの情報パターンに共鳴しない人は、けっこうな線量を浴びても元気で戻り、再び被災地に何度も出向かれていました。もちろん大量の線量を一気に浴びるのは論外ですが、それ以外であれば、その方の思考パターンやライフスタイルによって反応が大きく異なり、共鳴しないタイプの人は少々の線量を浴びても自分の力でバランスをとる力を持っている様です。同じ線量を浴びても、病気になる人とならない人の違いは、免疫力といった物理的な問題だけではないと感じています。

――微弱放射能は逆に細胞を活性化します。

**寺岡** ホルミシス効果ですね。日本人と日本の国土は原発のトラウマを持っているんですが、多分放射能に強い国なんだと思います。いろいろな能力者が言っていると思いますが、日本という国は、いい意味でも悪い意味でも、放射能とか原発とかそういったものにすごく因縁がある。日本人はそういう運命にあって、原発事故とかそんなことでは簡単には死なないようにできているのではないでしょうか。

## 医師とタイムウェーバー

**寺岡**　オーガン・コヒーレンスのお話に戻ると、タイムウェーバーで臓器のエネルギーバランスをどんどん深く調べて、その原因が「その人の信念や価値観」と出れば、そっちを素直にヒーリングします。常識で考えると、その臓器と全く関係ないことが出てくると、セラピストの理解を超えているので、それを信じられないということが起こります。でも、自分の理解を超えた情報だからといって「関係ない」と判断してしまい、その情報をスルーすると、せっかくのより高次元からの情報が受けとれません。しかし、その情報を理解せずに情報送信するのも意味がないとも言っています。

――だからタイムウェーバーは人を選ぶ。「情報をありのままに受けとれる人」に使ってほしいということですか？

**寺岡**　そう思います。そういう意味では医学的、物理的知識をたくさんもっているお医者さんは難しいかもしれません。知識や固定観念がじゃまをして、「医学的、科学的に考えてそんなことはあり得ないだろう」と悩んでしまう。

タイムウェーバーも、ＮＥＳも、エネルギー医療系のデバイスを扱うとみんなそうだと思いますが、一般の人のほうが結構使えちゃうんです。知識や固定観念がないから、スキャン結果を疑わない。素直に「ああ、そうなんだ」と思うんです。いろいろな知識があればあるほど、常識や科学を超えた答えがどうしても腑に落ちない。理論的に考えてつじつまが合わない限りはそれを使えないというところがあります。

実際にお医者さんほど「難しい機械ですねえ。勉強が大変ですね」と言われます。全然難しくないんですが、今まで勉強してきた医学的な知識と全く違う領域の話なので、意識のチャンネルを１８０度変える必要があります。最近は既存の概念にとらわれないお医者さんも増えてきていることはとても喜ばしいことです。今後お医者さんが既存概念を超えて心のことやエネルギーに意識を向けると、医療はより統合的に進歩するんじゃないかと思います。

――タイムウェーバーは、ビズでもメッドでも本質を追求するので、結局、同じところにたどり着くんでしょうね。入り口が違うだけで、目的地は同じ。

**寺岡**　それは私もすごく感じています。ビジネスから聞いても、家族関係から聞いても、体からでも、結局、「原因はこれだよね」となります。どこの切り口からいっても、問題はこれだとわかっていたら、タイムウェーバーはその事に気づかせるために、何度も同じ答えを出して来るので、回り道だったかなということも結果的にはあんまりないかもしれません。

――タイムウェーバーをしなくても、原因がわかっていた人もいるでしょうね。

**寺岡**　「やっぱりそれか」「確認に来たんですね、あなた」みたいなところもありますよね。（笑）

## 体の内側（経絡）と体の外側（オーラ）のエネルギーを見る

――オーガン・コヒーレンスの次は経絡を見ていくことになると思います。経絡を見てこられた中で、今までのエピソード的な部分、「クライアントさんでこういう事例がありました」というところをお聞きしたいと思います。

**寺岡**　経絡と臓器のエネルギーは必ずセットで見ます。オーガン・コヒーレンスは臓器単体のエネルギーを見ていますが、体は単体で働いているわけではなく、それぞれの臓器がネットワークを組んでいて、お互いがハーモナイズしながらバランスを保っています。

それぞれの臓器をつないでネットワークを作っているのが経絡です。臓器は各々の臓器固有のエネルギーを放射してホログラフィックパターンと呼ばれる独自のホログラムを形成していると言われており、それぞれの臓器のホログラムをつないでいる経絡がスムーズに流れていないと、4次元レベルまでのエネルギーがなかなかバランス出来ません。私の場合、身体的に調子が悪いというクライアントさんが来られても、必ず心身全体のバランスから見たエネルギー状態を見て、何が優先度として高いのかを最初にチェックします。

臓器エネルギーの場合は、適合率が50％以上になるとアンバランスと見ます（※タイムウェーバーの評価は±100％で表示され、±100％が完全一致となり、0％に近いほどバランスと見ます）。体調が悪い人が、たくさんの臓器が50％以上で出るかというと、そうとも限らず、その臓器に関係する気の流れ（経絡）が滞っている人が多いようです。それを考えると、体にとっての一番のダメージは、臓器よりも、臓器同士のコミュニケーションが崩壊することなのかもしれません。

臓器同士のコミュニケーションが崩壊することで、それぞれの臓器が孤立してしまう。ネットワークが正常なら、心臓の調子がちょっと悪くても、「あれ？　心臓さんの調子が悪そうだぞ！」ということで、ほかの臓器が心臓をサポートするためにエネルギーレベルを心臓に合わせようとするので、体はそれなりのバランスを保ちます。

バランスが壊れるのは、お互いのコミュニケーションがうまくいかなくなるときなんです。いろいろなクライアントさんを見ていても、傾向としては、経絡の流れが滞ると並行して体の状態もアンバランスになります。

タイムウェーバーは写真さえあれば分析できるので、最近、遠隔でもセッションを行っています。体調が不調の方は経絡の中でも膀胱経と腎経の調整に時間がかかることが多いです。膀胱経は、体の中で一番長い経絡で、生命力のバロメーターです。中医学で陽の気を運ぶ経路と言われている膀胱経が滞っちゃうと、陽の気が枯れて、陰の気になります。陰の気がどんどん強くなっていくと、生命力がかなり落ちていく感じがあります。

私たちは予約を頂いたら来られる前に、その方の状態をあらかじめ分析します。その事前のチェックで膀胱経、腎経がよく出る人は、比較的生命エネルギーが弱い傾向があります。陽の気が枯れやすいので、陰の気が強くなると免疫がアンバランスになると言われており、疲れとストレスの周波数帯に合致しやすくなるんです。その状態をいかに自力でもとの状態に戻せるかが、健康度のバロメーターの一つとしてあるかなと思います。陰陽五行論的に言えば、膀胱経、腎経は「水」にあたり、感情的には恐れとか恐怖です。逆に言えば、そういう感情が強い人は、陽の気が滞って気が枯れやすいと言えるかもしれません。

――「病気になりたくてなっている」とよく言いますが、それは恐れとかそういうところと関係していて、ネガティブな人のほうが、陽の気じゃなくて陰の気が働く事で体調を崩しやすくなる。それは経絡の影響があるんでしょうね。

**寺岡**　中医学でも経絡や経穴の状態が身体や精神に現れると言っており、これらの流れを整えることは重要です。中医学の見方では体内の気の流れを見ますが、タイム・ウェーバーでは2パターンで見ます。

気の流れは、体と重なって流れている気と、外側に広がってトーラス状の形をした電磁波フィールドを流れる気の2パターンがあります。人間の体には14本の経絡が体と重なって流れているという考えが中医学です。もちろんそれだけでも十分効果があ

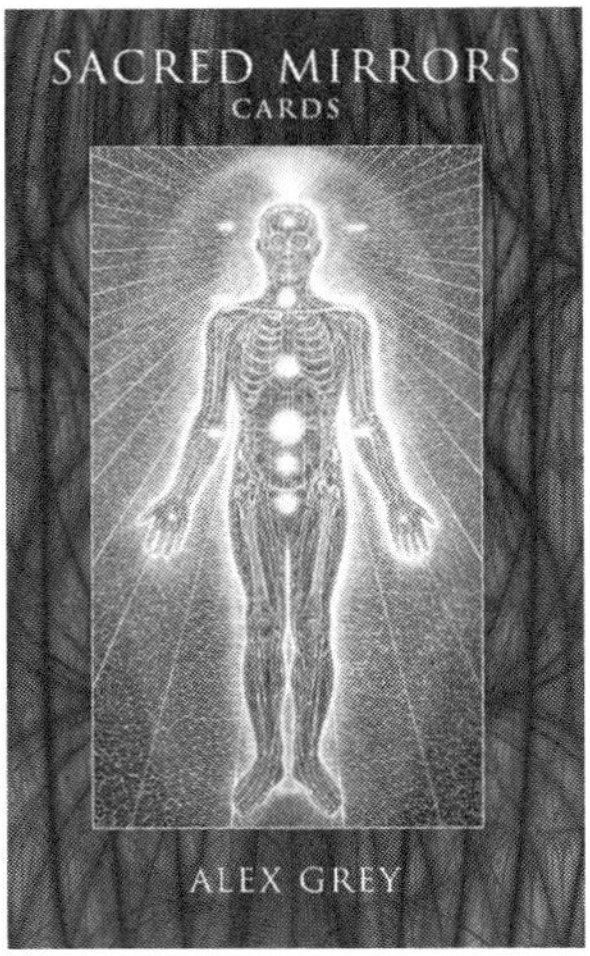

聖なる鏡

るんですが、その気の流れは外側にも広がっています。それはチャクラも同じです。チャクラは、体の正中線沿いに7つありますが、体の外側のそれぞれのレイヤーにも存在します。

「聖なる鏡」（ナチュラル・スピリット）というアレックス・グレイが描いた、とても美しい人間のオーラを表現した本があります。著者はエネルギーが「見える人」なので、その本には、人体の内、外のエネルギーの流れや形が鮮明に描かれています。「見える人」たちはその絵を見て、「まさにこのとおり」と言います。バーバラ・アン・ブレナンも「見える人」で、彼女はヒーラーですが、もとはＮＡＳＡの物理学者で、「光の手」という上下巻の本で、エネルギーについて理論整然と説明しています。

このように人体には、外側にも広がるエネルギー体があって、その分析には「オーラ・フォトグラフィー」というタイムウェーバーの別のアプリケーションがあります。

オーラ・フォトグラフィーは7つのチャクラを中心にエネルギー状態とトータルのエネルギー量を見ることができます。外側のエネルギー体は、きれいな円形、トーラスと言われる形になっていれば、本来の健康なバランスのとれた状態なんですが、問題があると、滞ったり、ゆがんだり、亀裂が入るとか、穴があいて漏れているとか、ヒーラーによって表現の方法はさまざまですが、何にせよきれいなトーラスの形になっていない。

外側のエネルギーで特に気にするのが、エネルギーの漏れです。オーラ・フォトグラフィーでチャクラの状態を見ても、エネルギーの状態がアンバランスの人は色んな所からエネルギーが漏れていて、漏れている場所と、体に重なっている経絡は互いにリンクしています。

だから、内側の体に重なっている経絡だけ整えても、一時的にはいいかもしれないけれども、外側のエネルギーの漏れを塞がない限りは、幾らエネルギーを供給しても、またこの漏れのせいで膀胱経が弱くなってしまいます。外側の状態と、内側の経絡の状態と、両方整えて初めて円滑なエネルギーの流れを実現できるんです。

――僕は一番最初に寺岡さんにセラピーをやってもらったときに、「朝の7時から

# Aura Photography

TimeWaver Professional

Science and orthodox medicine do not acknowledge the existence of information fields, their medical a.o. importance and the applications of TimeWaver systems, due to the lack of scientific evidence in the sense of orthodox medicine. The analysis and optimization lists and possible corresponding choice of words e.g. "healing of..." and "elimination of causes" are not a promise for healing in a medical sense, but serve as a positive influence similar to an affirmation where a goal which one wants to attain, is defined. The following optimization is not a medical diagnosis or therapy! It does not substitute an examination or treatment by a doctor or naturopath

**Aura Photography of 06/03/2019 00:13**

**risa teraoka**

## Aura-Simulation

The scales are shown in the color of the corresponding chakras - except the crown chakra.

If the crown chakra has a high value (the canal to the morphic fields is open), it will be shown in violet color. The white color may also indicate, that this place emits healing energies.

## Chakra coherence (Shows by how much the corresponding Chakra diverges from the golden mean)

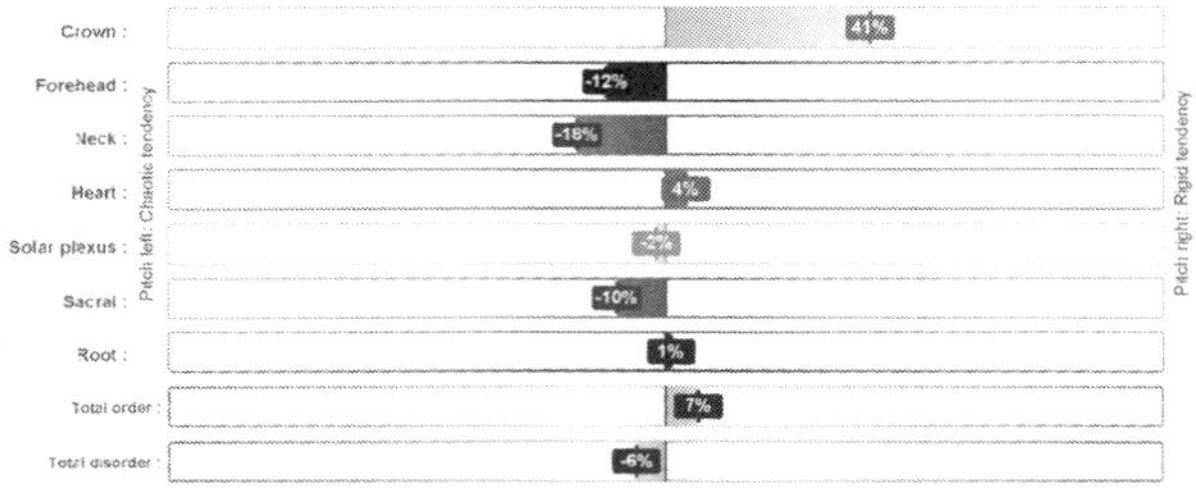


## Chakra-Energy (Shows how "open" resp. "optimal" the corresponding Chakra behaves)

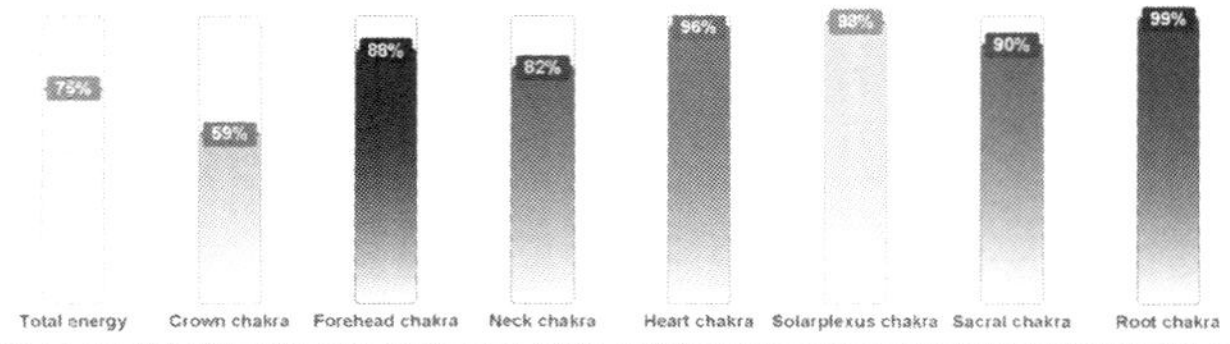


TimeWaver 4.20.19.1049 Page 1/8 26/06/2019 - 16:32:46

オーラ・フォトグラフィー

10時に第2・第3チャクラからエネルギーが漏れている」と出ました。確かにその時間帯は、電車に乗ったときにおなかが痛くなったりしていました。

最近、メッドを入れて実際にセッションするようになって、オーラで幾ら調整しても第3チャクラだけ上がらない人がいたんです。寺岡さんに「オーラで幾ら調整しても上がらない人は一度経絡を見たほうがいい」と言われたので、「第3チャクラを今すぐ最適化します」と入れて経絡を整えたら、オーラがバーッと上がりました。

**寺岡**　オーラモジュールと経絡は密接にかかわっていると考えています。

## アレルギー、アトピー、花粉症のケース

**寺岡**　人によっては特定の経絡が滞りやすいパターンを持っていて、それが症状につながってる事があります。例えばアレルギー体質の方は、アレルギーの感受性と関係が強い小腸経、大腸経がブロックされやすいです。花粉症の人は小腸経のアンバランスがとても良く出ます。また、経絡は感情とも深くかかわっており、それぞれの経絡

に対応する特徴的なメンタリティーがあります。

例えば、花粉症の人のメンタリティーは固執とか、完全性に一致します。常に完璧なものを求めるというのは、いい面もあるんだけれども、人間は完全にはなれない。それでも完全性を求めるがゆえに、今の不完全さに対して拒否反応を起こしたり、不完全な自分に落胆してしまう。このようなタイプの人は、もっと「いいかげん」になったほうがいい。本来、自分にとって異質なものであっても、それを咀《そ》嚼《しゃく》して同化することで、自分のものにします。感情の同化と異化に共鳴する臓器はその同じ機能をもっている消化器官、すなわち、胃や腸に一番アンバランスが出やすいです。

タイムウェーバーで花粉症の方を分析してみると、花粉以外のものにもたくさん反応が出ます。化学物質や大気汚染物質とか、ハウスダストとか、そういうものと花粉が結びついて問題が複雑になっているパターンが多く見受けられます。

花粉症はますます増える傾向ですが、もちろん市販薬でそれなりに対処できるんですけれども、根治される方は少ないです。アレルギーが根治しにくい理由の一つに、前述したメンタルの問題からくる気の滞り、腸の過剰反応、花粉以外の環境的要因が複雑にからんでいるということがあります。アトピーも原因は似ていますが、大きく違う所は親子関係が関係する所です。特に母と子の感情的な問題を解放する必要のある方が多いようです。

――最初からアトピーの課題で来られて、タイムウェーバーで関連項目を調整するためにエネルギーを飛ばしているお客様がいます。4〜5カ月やってきて、手と首にまだあるけれども、ちょっと楽になってきたと報告いただいています。

**寺岡**　多分それは、メンタル的なケアの情報調整をされたのではないでしょうか？アトピーは他のアレルギーに比べて、特に幼少期の母との愛着の問題があり、母親から愛情がもらえなかった、肌のぬくもり感が感じられなかった、といったトラウマから肌に症状として表れるケースが多いため、そのトラウマをタイムウェーバーで過去にさかのぼり、その時点でのイベントを特定して解放すると、まず行動が変化します。腸に負担のかかるものを自然に食べなくなったり、生活のリズムが戻ったり。そして結果的に肌も整っていくようです。

Part 4

# 「オーラ、トラウマ、先祖、霊」といったスピリチュアルレベルにもフォーカスするタイムウェーバー

## 最初にオーラを見る理由

――最初にオーラの状態を見ますが、それはオーラが整っているほうがエネルギーを受け取りやすいからですか。

**寺岡**　最初にチェックする理由は、それもあるんですけれども、タイムウェーバーは分析だけではなくて調整もかけるので、エネルギーの総量が少なすぎると、調整をかけるときに、調整するためのエネルギーが枯渇するんです。

クライアントのエネルギー調整のために、セラピストがクライアントに自分のエネルギーを使ったり、タイムウェーバーがエネルギーを補充してくれるわけではありません。クライアント自身のエネルギーを使って調整します。自分のエネルギーの総量が少ないと、幾ら調整したくても調整に回せるエネルギーがない。むりに回すと余計疲れてしまいます。

調整をすることで体がよりつらくなる場合は、エネルギー不足のことが多いです。調整のためのエネルギーが十分でない時は、調整しても効果が出ません。ですから、まず最初にエネルギー量を上げてあげて、最低限調整できるレベルに持っていくためにオーラ・フォトグラフィーを活用しています。

――最初にエネルギー総量が70%以上の緑のゲージになるまでオーラを調整したほうがいいというのは、それが理由なんですね。

**寺岡** タイムウェーバーでエネルギー調整しても上がらない人は、物理的にもエネルギーが補充できる何かを行ったほうがいいかもしれません。調整する方法は皆さんいろいろお持ちだと思います。ヒカルランドさんの所にある電位治療器でもきっとアップすると思います。

――話がそれますが、Tさんの電位治療器に乗った後にタイムウェーバーで経路をチェックしたら、全部ピューッと整ったんです。自律神経を短時間で整えて、酸化した血液をアルカリ性にして経絡も整うみたいです。経絡が整ってエネルギーの流れがきれいに回っていると、エネルギー量もアップして、心身のバランスが整うみたいですね。

**寺岡** 自律神経と経絡は重なっている所が多いので納得です。現代人は偏った食生活などによって、体が酸性状態になっている人が多い傾向です。電位治療器でそれが出なくなるのか見てみたいです。消えたら、自分でも使ってみたいです。(笑) タイムウェーバー社でも、いかに体を酸化させないかを重視しています。酸性の食べ物の過剰摂取によって体が酸化して老化する。酸化が抑えられたら、人はアレルギーも起こさないし、病気にもなりにくいんです。

―― 話をオーラに戻すと、オーラで自分を充電しておいて、それを使ってエネルギー調整をしているという感じですね。

**寺岡** 人間は電池みたいなもので、電池がフル充電されてないと行動できません。クルマで言えば、ガソリンが満タンじゃないとダメだということです。宇宙のエネルギーを取り込んでいるエネルギーセンターがチャクラなので、チャクラがバランスよくきれいに回っていると、おのずとエネルギーも充電されるわけです。

―― オーラを調整して、オーガン・コヒーレンス（臓器のバランス）、経絡、マイ・タイムウェーバーと呼ばれる12次元界層の分析があらかじめセットで組まれているアプリケーションを順に分析する……。

**寺岡** 初回のセッションは大体それで十分だと思います。

最初に自分自身の今のエネルギー状態を3次元～12次元レベルまで客観的に知る事

で今までの3次元的な視点が一気に別次元まで広がります。

## 過去の原因をタイムラインで見る

――タイムラインはどういうときに使って、どういう事例があるんですか。

**寺岡**　タイムラインはいろいろな使い方がありますが、健康問題の場合はほとんど、未来というよりは病気の原因となった過去の出来事を見つけます。

オーガン・コヒーレンスでよく臓器のアンバランスの原因はバーストラウマ（出生時のトラウマ）であると検出されます。「生まれたときからこの臓器にトラウマがある」と出たときに、「じゃ、そのバーストラウマは何か、見よう」とか、「親子関係の問題で臓器にトラウマが残っている」ことがわかると、より具体的にその時何が起こったかを知るために、もしくはその本人がその出来事をどう受け取ったのかをタイムラインで分析します。

タイムラインではトラウマや事象がランダムにいろいろ出てきて、「まさにその通り」ということも、「いや、全然ぴんときません」ということもあるんですが、当時に発生したエネルギーブロックを解放することが重要です。

生まれたときから何らかのストレスがあっても本人はずっとその状態が普通だと思っているので、ストレスに気づきません。でも、そのトラウマがなくなると瞬間的に「あ、何か体が軽い。これって不思議な感覚」となり、そこで初めて今までの状態が普通でないことに気づくのです。私は、「○○が原因だ」と出たら、本人がわかる、わからないにかかわらず、ずっと調整をかけていきます。

何人かにタイムラインで過去の特定の日時が出ると、「たしかこのころだよね」と思い出されるので、まさに時間を超えた情報が今の意識に瞬時にリンクするのは、ほんとにおもしろいです。初期のころに来られた方だったと思いますが、オーガン・コヒーレンスで「過去のトラウマのショックが臓器に出ている」と出たのでタイムラインで分析しました。そうしたら、「○月○日にすごくショックなことがあって、それが臓器にエネルギー的なダメージを与えた」と出て、「これ、何か覚えていますか」と聞いたら、「はっきり覚えています。この日は自分の弟が蒸発した日なんです。弟が突然いなくなっちゃったショックが出たんですね」とすごくびっくりしていました。

ある人は、ある新興宗教に入信した日をタイムラインが指摘しました。今はもうやめているのですが、その新興宗教で洗脳があり、大変だったという話でした。また、離婚した日なども、やはりトラウマが強いのか、よく出ます。

――タイムラインで生まれてから一カ月後のトラウマが出たスタッフがいるんです。生まれて一カ月後なんて記憶がないんですが、何か気になったらしくて、その後、お母さんに「この日、何かあった?」と電話したそうです。お母さんも覚えていなかったんですが、母子手帳を見たら、ちょうど一カ月健診の日で、その日にお母さんは盲腸が見つかってそのまま入院になっちゃったそうです。そのトラウマが何にかかわったかはわかりませんが、日付もドンピシャでトラウマが出て「うわーっ」みたいな、すごいうれしそうに話してきたので、多分解消されたのかなと思います。石井さんも「高校2年生の3月」と出てきたし、すごいですね。

**寺岡** 自分では覚えていなくてもトラウマとして残っていることがあって、「えっ、そんなことが?」と意外に思うようなことも、結構、病気の原因になっていたりします。おもしろいですね。

――まず病気があって、それからタイムラインで分析してトラウマが出たということではなくて、「トラウマがあるか、見てほしいんですけど」ということもあります。

**寺岡**　皆さんが考えるほど、全ての問題がトラウマを解放するだけでうまくいくとは限りません。みんな自分のトラウマは何かを聞きたがるんですが、そればっかりにフォーカスしても、物理的な次元にフィード・バックは起こりません。もちろん体の不調和が過去のトラウマと関係していれば、それを解除することによって臓器のエネルギーが飛躍的に動き始めるということもあります。

## 先祖のエネルギーの調整

――クライアントさんの目的によると思いますが、ふだん寺岡さんは、オーラ調整をして、あとはどんな機能を使うことが多いですか。マイ・タイムウェーバー※ですか。

※　マイ・タイムウェーバー――タイムウェーバーの12次元階層に沿った基本的なチェック項目のセットのこと。

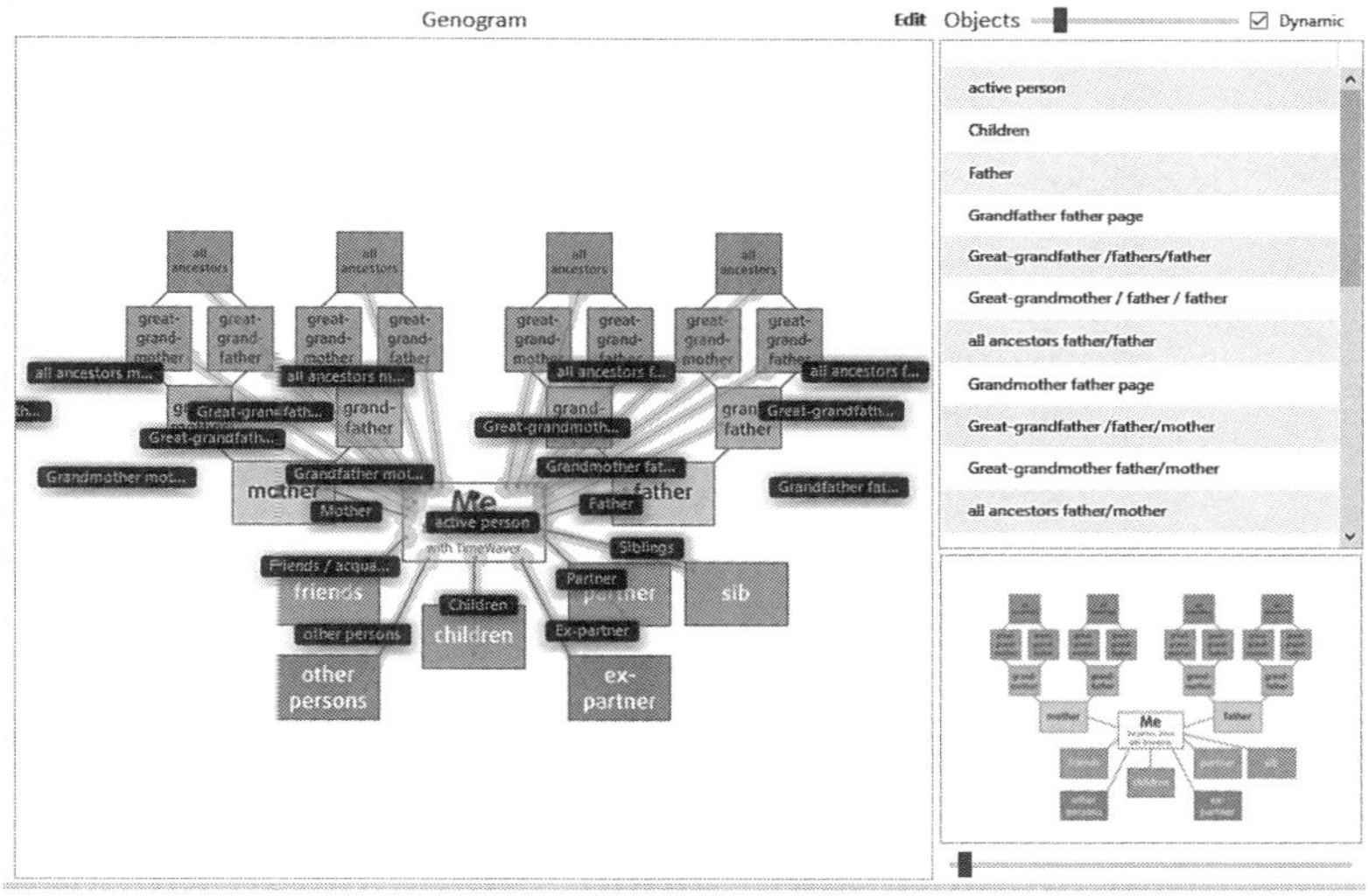


先祖のエネルギーを分析するゲノグラム

**寺岡**　最初にセッションに来られる方については、あらかじめ写真をいただいて、事前チェックみたいな形でマイ・タイムウェーバーの7項目は全部分析します。

必要な人は風水やビジネス分析もします。これをひと通りすると、その方の人間像と状況を一通り把握できます。クライアントさんは申し込みフォームには表面的なことしか書かないので、「こんな結果でしたよ」とお話しした後に、いろいろなことを話してくださる中で「それは確かに思い当たります」と出てきたら、そこから深掘りする際に、内容に応じたアプリを使用します。

クライアントさんの8割はエネルギーレベルという6次元までのエネルギー調整が有効ですが、問題の原因が6次元以上のレベルから来ている場合は、カルマレベルやスピリチュアルレベルのデータベースから分析する必要があります。私の今までの経験では、商売やビジネスの調整をする場合は6次元以上の問題を解決しないとうまくいかない場合が多いようです。

経営者の人は、不思議なことに、先祖のエネルギーが商売の阻害要因になっていることが多いです。そういう人に例えば「会計処理をちゃんとしなさい」とか物理的な指導をしてもうまくいきません。「ゲノグラム」というアプリを使うと、どの先祖のエネルギーが影響しているかを特定し、エネルギーを解放することができます。解放されると、これも不思議ですが、ビジネスがうまく動き始めることがよく起こります。

私はずっと、人間の霊的なエネルギーを扱う事はしませんでした。15年前からエネルギー測定をしていて、当時から霊を扱う怖さを他のオペレーターの事例などで聞いていたからです。「憑依《ひょうい》されているんじゃないか」とか「霊のせいではないか」と相談されても、「それは霊に共鳴する情報パターンの問題なので、そのチャンネルに共

鳴しない自分になりましょう」と言ってきました。実は霊が恐いだけだったんですが。（笑）

タイムウェーバーのアプリを使うと、霊的なものに直接アクセスしなくても調整できることがわかりました。そして実際に先祖のエネルギーの解放をすると、ご本人のエネルギーも軽くなって、変化のスピードもアップするので、使ったほうが良いとわかりました。

私たちはDNAの継承でここに存在しています。先祖がいないと存在していないわけですから、霊的なことを当然のこととして、それに敬意を持って向き合ったほうがいいという考えに変わりました。

先祖の中には成仏していない人もいます。無念を残して死んでしまった先祖は、その子孫以外は誰も何もしてくれません。何かしてあげられるのは子孫しかいないだろうし、重いエネルギーはネガティブなものを引き寄せますから、それを調整するのはいいことなんじゃないかと思います。この機械はドイツ製ですが、ドイツだけでなく、欧米など世界中どこでも同じかなという気がします。

――どの宗教も、先祖とか亡くなった方を供養することがもとになっているので、先祖とのかかわり合いは絶対あると思います。

**寺岡**　外せないですね。存在しているということをありがたく思って、先祖のエネルギーを解除していくことが必要だと思います。タイムウェーバーを使って思ったのは、先祖のエネルギーが「重い」というか、先祖の「思い」がたくさん残っている家系は、子孫が途切れて断絶の方向に動くようです。

「もうあなたの代で終わり」になる背景には、自分の先祖の思いのエネルギーがずっと解放されずに蓄積され続けた結果です。エネルギーが重過ぎて限界がきているのに、その子孫が何もできずにいると、最終的には「この家系を閉ざしましょう」という宇宙のエネルギーが働いて、子どもが生まれなくなってしまうのでしょうか。子どもが生まれなくなるのは、この様な理由も一つにはあるのかもしれません。

物理的な身体機能に問題がないのに子どもが生まれない人は一度チェックしてみても良いと思います。

そしてタイムウェーバーを使うと何もいらない。家系図を取り寄せて、一人一人の先祖をたどったり、どこにあるのかわからないお墓を調べて供養に行かなくてもいい。お墓は、もちろんエネルギーが残っているけれども、行くのに時間がかかるし、どこにあるかもわからない人がたくさんいます。エネルギーは時間と空間を超えるから、「おじいちゃん、大変だったんだね。ありがとう。感謝してます」と子孫が思いを伝えることができれば、方法は何でも良いと思うんです。

―― 全然いいです。供養は関係する全ての先祖に影響するわけだから、機械だろうと供養ができるのであればその人のためになります。そっちのほうがエネルギー的にも美しい気がします。

**寺岡** 先ほども少し触れましたが、霊的なものを扱うには昔はけっこうな覚悟がいりました。霊を扱わない私でさえ、昔は必ず月一回は犬鳴山という霊場で滝行を行っていたぐらいです。若いときは良いですが、年と共に真冬のつららができたなかでの滝行はつらくなってきました。（笑）

自分がちゃんと修行などでプロテクトする技術を持っていなければ、霊に手を出してはいけないということが私の中にはすごくあります。タイムウェーバーは今のところはその心配はありません。

―― もらっちゃったりして長生きしないというのは、「セラピストにはよくあること」ですものね。

**寺岡**　ほんとにそうなんです。死者のエネルギーだけでなく、クライアントからのネガティブエネルギーに共鳴して体調をこわす人も多いですから、セラピストは常に意識をニュートラルに維持することがとても大切です。

## マイ・タイムウェーバーでカルマを見る

**寺岡**　マイ・タイムウェーバーで「システミック・セラピー」という魂の転生や、家系のカルマを分析することができます。

私は昔、霊と同じくカルマという言葉は使わない様にしていました。「カルマのせいにするのではなく、今に向き合うことが大切。今さえ変えればカルマは関係ない」と思っていたんですが、タイムウェーバーを使ってから、やっぱりそれもあるのかなと。（笑）

カルマの解消は、宗教的に利用されている感じがあって、「あなたのカルマを供養してあげるから○○円払ってネ」みたいに、自分でそれを解消するのではなく、誰かにお金を払って供養する仕組には未だに違和感を感じています。それで本当にカルマの解消になるのかがずっと疑問でした。タイムウェーバーでは、例えば「前世で戦争で他人を殺してしまった」というカルマがあったら、ほとんどの人はそれをとても後悔して、罪悪感を持って転生して来ている。今回こそは、戦争や人を殺すことのない世界を作りたい、または前世で殺しちゃった人につぐないたい、と思っている。もしその事が、タイムウェーバーで検出されるなら、やはりそのカルマを今世で解消する必要があると思います。カルマとは罰とかお仕置きみたいなものではないと思っています。本人がテーマとして残してきたことに、今度はこの環境でチャレンジしていくためのものなので、それを人まかせで救済してもらうのではないと思います。自分が今世でカルマを解消すると決めて来ているとしたら、それをさけずに、その負担をリリースする事が大切です。

カルマの解消はチャレンジでそれなりに困難ですので、できればさけたい事ですが、毎回それで失敗している事を知れば「今回はやらなきゃ」と思う。そうすると、自分の人生に対して真剣に向き合うことができる。さけようとすると、色んな方法で（体のトラブルや人間関係、恋愛等）向き合わせようとさせられます。

因果応報とまでは言わないけれども、殺したりだましたりしたら、どこかで同じ体験をするようにできているようです。殺した相手が夫になっていたり、子どもになっていたりもします。

そうなったときにトラブルが起こるのは当然です。でも、それを体験しに来ているはずだから、それを知ると気が楽になったりもするんです。「何で私はいつも男からDVに遭うんだろう」。それが「ああ、そういうことか」とわかったら、逃げるのではなく、次こそDVのサイクルから逃れるべく向き合っていく、そういう力にもなるんじゃないかと思って、最近はカルマもちゃんと言うようにしています。

「すごく人をだましてるよ」とか「人を陥れて自分だけ儲けたね」とか出てくるんで、実際はとても言いにくいです。でも、それは私が言っているわけじゃなくて、タイムウェーバーからの答えですし、今のことじゃないから、皆さん「ああ、そうなんですか」と聞いてください。

必要な人にはそれも伝えながら、より良い人生を目ざすのがタイムウェーバーのだいご味でもあると思っています。タイムウェーバーのおもしろさは、カルマレベル、物理レベル、エネルギーのレベルという多次元構造で縦のつながりになっているところです。カルマにもつながっているし、ウイルスにもつながっている一本の線が縦方向にあって、それぞれの領域にそれぞれの理由と原因が関係しています。それを俯瞰して伝えられるのがタイムウェーバーの特徴の一つです。

――「過去に悪いことをしましたね」というのは、マイ・タイムウェーバーのシステミック・セラピーでわかるんですか。

**寺岡**　システミック・セラピーでは概要しか出てこないので、もっと深い部分を見る必要がある人は、直接データベースからカルマレベルを見ます。そこにあるデータベースは、いろいろなカルマの種類分けがされています。

過去生、今の家族とのカルマ、親戚とのカルマ、両親とのカルマ等があります。また、受精の前後から生まれるまでの期間として「受体前」「受体後」「受体中」「出生前」「出生時」の5段階に分けて分析します。その他「呪い」についても分析可能です。

これらをうまく使うと、前世について色々知ることもできて、今世でのテーマも見えてきます。

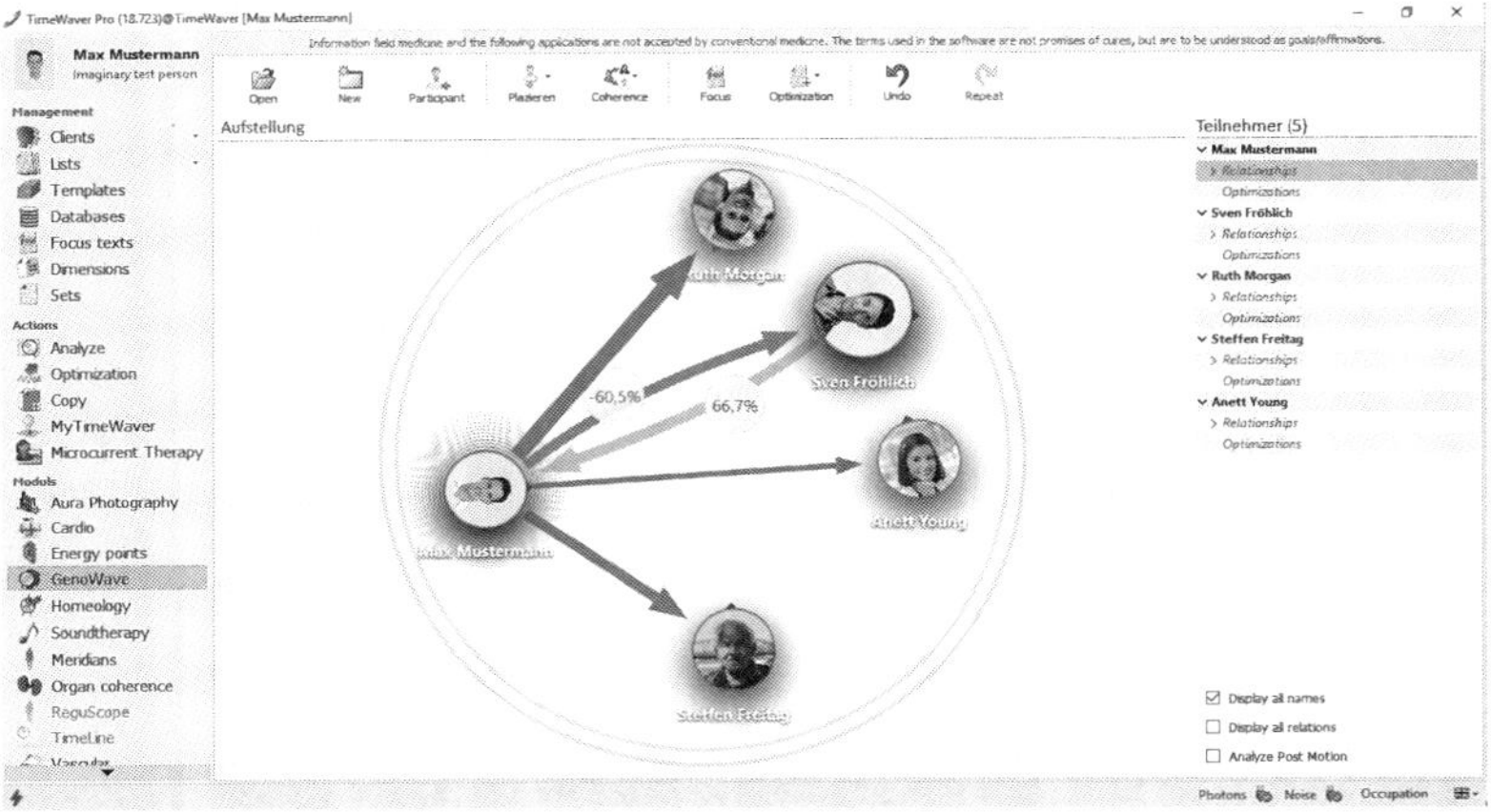


ゲノ・ウェーブ

## ゲノ・ウェーブで関係性を調整する

――　タイムウェーバーのアプリの一つで、ゲノ・ウェーブというアプリもふだんからクライアントさんに使っているんですか。

**寺岡**　はい。このアプリは人間関係のエネルギーを見るものなので、夫婦関係や、家族関係、会社の社員同士の関係性や、相性を見てバランスをとるためのものです。「社員がどうやっても仲よくできないんですよ」といったご相談だと、このアプリは大活躍してくれます。

タイムウェーバーは自分以外の人間を代理で測定する場合、必ず本人の了承が必要ですが、ゲノ・ウェーブの場合は写真も要りません。例えば○○部門のAさん、Bさん、Cさんにしておく。意識ではそれぞれ誰を設定しているのか、わかっていますから。タイムウェーバー社いわく、そうすれば倫理面では一応オーケーらしいです。それでエネルギー関係を見ていくと、いろいろ問題が出るので、それに対して調整をかけるという意味ではゲノ・ウェーブはすごくいいです。

難しいのは夫婦関係です。夫婦関係、それから親子関係も、普通の人間関係より奥が深くて根が深い。

ただ単にエネルギーのプラスマイナスで調整をかけても、なかなか調整ができません。カルマレベルとか、その根本にあるものを解消しない限りはバランスが取れないのかなあと思います。この部分は、今後もっと研究を進めたいですね。

ゲノ・ウェーブは、スポーツやプロジェクト、部署、チームワークのエネルギーバランスを調整するのに向いています。アプリの画面上で個々のポジションをシミュレーションしたり、相性が合わない者同士を別の部署に移す、または別の人をチームに入れてみるなど、いろいろ試せるので面白いです。

――家族でもやりますか。

**寺岡**　やりますが、家族は苦戦しました。夫とのエネルギーバランスがとれたら子供との関係が崩れるし、その逆も起こります。やればやるほどうまくいかないから、だんだん諦めてきて、ためしにペットを追加してみると驚いた事に急にエネルギーバランスが良くなった。

ペットが居るだけで家族のバランスがとれる事が、ゲノ・ウェーブで確認出来て感動しました。家族関係が良くない方はペットを飼ってみるのも良いと思います。

## ペットや植物の気持ちもわかる

――ペットの気持ちも聞けますものね。

**寺岡**　そうなんです。ペットはほんとによく答えてくれます。ぜひ試してみてください。うちは犬と猫がいるのですが、何か問題行動があると、「今、何したいの?」「どう思ってるの?」といろいろ聞いてみます。すると、仕事のことまで心配してくれてます。（笑）

――聞くのは、「アンサーマトリックス」というデータベースを使うのですか、それとも「スピリチュアルアンサー」のデータベースですか。

**寺岡** 「アンサーマトリックス」か、あとは「ストレスファクター」というデータベースがあって、「何がストレスか」と入れると、「今こういうことがストレス」と分析されるので、こちらも結構使います。「アンサーマトリックス」のデータを使うと、「明日はアクシデントがあるから行かないほうがいい」とかそういうことを答えたりします。

――寺岡さんが飼っているペットだと、ペットのデータは寺岡さんのツリーの下にペットのデータをつくって、それで分析するんですか?

**寺岡** 私のツリーの下に入れるか、新しくフォルダをつくって「寺岡ファミリー」とか名前をつけて、その中に並列で入れるか。

――あ、そっか。フォルダに入れるという方法があるんですね。

**寺岡** そうじゃないと、人数がふえてくると検索も大変になります。

――ご家族の中で奥さんがクライアントさんとして来ていて、「了解を得ているんで、お父さん、お母さんも見てほしい」ということで、ご両親をその人の下につけていたら、何か違和感がずっとありました。

**寺岡**　違和感があるときは、私は全部フォルダをつくって並列にしています。小さな子どもさんだけはお母さんの下につけます。ペットも飼い主の下でいいんだけれども、お父さん、お母さんまで下に入れるのは何かちょっと変な感じがします。違和感があるまま分析をしても良い結果は得られません。家族がたくさんいる場合はフォルダにして、「〇〇ファミリー」で並列のほうが良いと思います。

――ワンちゃんとかペットの気持は具体的には、どうやって聞くのですか？

**寺岡**　ことしの5月、娘が捨て猫だったメイちゃんをもらって来ました。その一カ月後にはラブラドールのウェンディがうちに来ました。ウェンディはもともと私たちが大阪で飼っていたのですが、東京に越してくるとき、賃貸で犬を連れて来れなかったので、兄に預けました。結局、そのまま10年ぐらい東京に住んで、ウェンディは兄がずっと育ててくれました。でも、義姉の体調が悪くなって面倒を見られなくなったので、十何年ぶりにうちに戻ってきたんです。

猫と犬なので、うまくやっていけるか、すごく心配でした。特にメイちゃんはまだ生まれて数週間しかたっていなかったので、大丈夫かなと思ってタイムウェーバーに

「仲よくできますか」と聞くと、「全くムリ」と出ました。（笑）ウェンディが近づくとメイはずっとシャーッ、シャーッと言っていて全然ダメなんです。お互い落ちつかなくて、かわいそうだし、私たち家族も気になって落ちつきません。ウェンディは12歳ですが、「メイちゃんのことが好き？」と聞いたら、「嫌い」。「好きになれる？」と聞いたら、五分五分でした。「じゃ、『ウェンディはメイちゃんが大好きになる』と飛ばしていい？」って聞くと「いい」ということだったので、ずっと修正情報を飛ばしていたんです。

そしたら、2週間ぐらいしてからメイがシャーッと言わなくなりました。「これはいけるかも」と思って、今度はメイちゃんに「ウェンディのことが好き？」と聞いたら、「好き」と出たんです。ウェンディにもう一回「メイちゃんのことが好き？」と聞いたら、この前は5だったのが3ぐらいになって、「お、これは現象と一致してるぞ」と。

2カ月ぐらいたったら、普通に共存できるようになって、今ではメイちゃんとウェンディは一緒にくっついて寝るぐらい仲よくなってくれました。タイムウェーバーで聞いてみても「大好き」と出ます。

――ペットの測定に必要なのは、写真とエネルギーレベルの情報パターンだけで良いのですか?。

**寺岡**　人間と同じエネルギーレベルの情報と、コンシャスネスレベルと呼ばれる意識レベルの情報パターンの両方の情報をスキャンしておくと、動物とも高いエネルギーレベルで会話ができるのでおもしろいです。

――僕らが研修に行ったとき、枯れてしまった観葉植物があって、その観葉植物に気持ちを聞いたら「猫が怖い」と出たというお話を寺岡さんがされました。

**寺岡**　あれはその後、調整をかけましたが、残念ながら元気になりませんでした。根が腐っちゃっていて手おくれ状態でした。植物も答えてくれることはバクスター効果と呼ばれる「人間や動物の挙動に植物が反応する」実験でも検出されています。植物とも会話ができますし、生きているものは何でも会話ができるんじゃないかと思います。

――熱帯魚とか、カメレオンとか、いろいろ会話したいです。

**寺岡**　できると思います。私はまだ行ったことがないですが、意識不明で会話ができない人、行方不明になった人とも、会話ができるんじゃないかと思ったりもします。

――行方不明になった人は、「誘拐された」と出たら、ちょっと怖いですね。

**寺岡**　「消えたい」と思って本当に消えちゃった人も、何で消えたいと思ったのか聞けると思いますし、生きているのか、死んでいるのか、怖いけれどもその確率を見てみたい気もします。

――ペットは需要というか、知りたい人が結構多そうですね。

**寺岡**　タイムウェーバーでペットを分析するのはとても効率が良いと思っています。動物は素直なので結果が早いです。

うちのウェンディ（ラブラドール犬）が我が家に来たときは、体調がすごく悪かったんです。体中、すごいアトピーだったし、触診でもわかるぐらいの大きさの腫瘍も4つぐらいありました。なのですぐにタイムウェーバーや他のデバイスも使っていろいろ試してみました。最初はすぐに良くなるだろうと「タカ」をくくっていたのですが、思いの他あまり変化がありませんでした。

去年の6月に戻って来て、最初の3カ月ぐらいは一進一退でした。これはもっと本腰を入れないとマズイと思い、そこから原因を一生懸命タイムウェーバーで調べました。原因は体内の毒素と肺のバランスの問題と検出され体内の毒素には、エネルギー的な調整をして食事を変えました。４カ月目ぐらいからアトピーの状態はもっとひどくなり、脱毛もひどく、このままでは全身ハゲちゃうんじゃないかと心配するほどたくさん毛が抜け始めました。

兄は私の仕事について全く信じていないので、「おまえんところに連れてきたら余計ひどなってるやん。どうなっとんねん‼」とかまあ、ひどいんですよ。大阪人だからバンバン言うんです。（笑）

まあ、いつものことなので気にせず続けて半年ぐらいしてから、急に肌の感じが変わってきました。毒素を全部出し切っちゃったのか、体の毛も普通に生えてきました。８割ぐらいは元気になって来ています。オーラレベルも、最初は30％でかなりエネルギーが枯渇していましたが、今はずっと80％レベルをキープしています。今日、兄が大阪から来るので、どう反応するか楽しみです。

―― あるクライアントさんは、調整をかけて最終的には70％ぐらいまでになったんですが、最初来たときに、９％という、生きているのかなと思うぐらいアンバランスな状態が出たんです。見間違いかなと思ったけれども、全部低いわけじゃなくて、50％を切っているのが３～４個あって、トータルエナジーが９％と出たんです。「えっ、怖っ。チョンと押したら死んじゃうんじゃないか」と思ったんですが、見た目は全然そんな感じじゃない。普通なんです。

**寺岡** 私もその経験が何回かあります。見た目が普通なのに9％とか10％とか出るときがあって、最初はとってもびっくりしたんですが、最近わかったのは、最初は9％なんだけれども、すぐその後に2～3回再チェックしたら50、60％に上がる人は問題ないようです。

最初に低く出るタイプの人は過剰反応するタイプで、タイムウェーバーからの干渉波が来たときに「なんだこれは！」と防御するんです。そのために数値が下がりますが、干渉波になれて「大丈夫なんだ」とわかったら、普通になるんです。何回やっても30、40％ぐらいから変わらない人はほんとに何か問題があるのかなと思います。

―― 何回かスキャンして、すぐに上がるようであれば特に問題ない。そういう人は、緊張していたり、エネルギーの防御が強いので、最初に低く出るだけなんですね。

**寺岡** 私も最初の頃は「この人、大丈夫かなあ」と心配しましたが、セッションを重ねていく中で、防御のかたい人は一瞬そういう感じになることがわかりました。

―― ペットの話に戻ると、うちはペットを飼っていないんですが、奥さんの実家にいた半分ノラの猫がいなくなっちゃって、義母が結構ペットロスみたいになったため、奥さんも心配しているんです。猫は死に際にいなくなるというので、タイムウェーバーで聞いてみたいです。

**寺岡**　聞いてみてください。いろいろなことがわかりますよ。死んでいても分析出来るので、魂は永遠だと思います。

# Part 5

# タイムウェーバーの
# さらなる可能性を探る

## ファントムDNAの情報分析「ウェーブ・ジェネティクス」とは?

――タイムウェーバーの機能で、今までお話ししたもの以外に紹介しておきたいものはありますか。

**寺岡**　ファントムDNAの分析ができるウェーブ・ジェネティクスというアプリがあるんです。かなりマニアックな内容なので説明が難しいのですが、ファントムDNAはロシアの量子遺伝子学研究所の所長であるピーター・ガリアフ博士によって開発されました。

ピーター・ガリアフ

人間のDNA情報の塩基配列は全部解読できており、ヒトゲノム計画は2003年に終了しています。しかし、人間の体をつくるタンパク質のDNA配列情報は、DNA情報全体のほんの2%と言われています。残りの98%は、ジャンク（ごみ）やファントム（亡霊）DNAと呼ばれて片づけられていました。

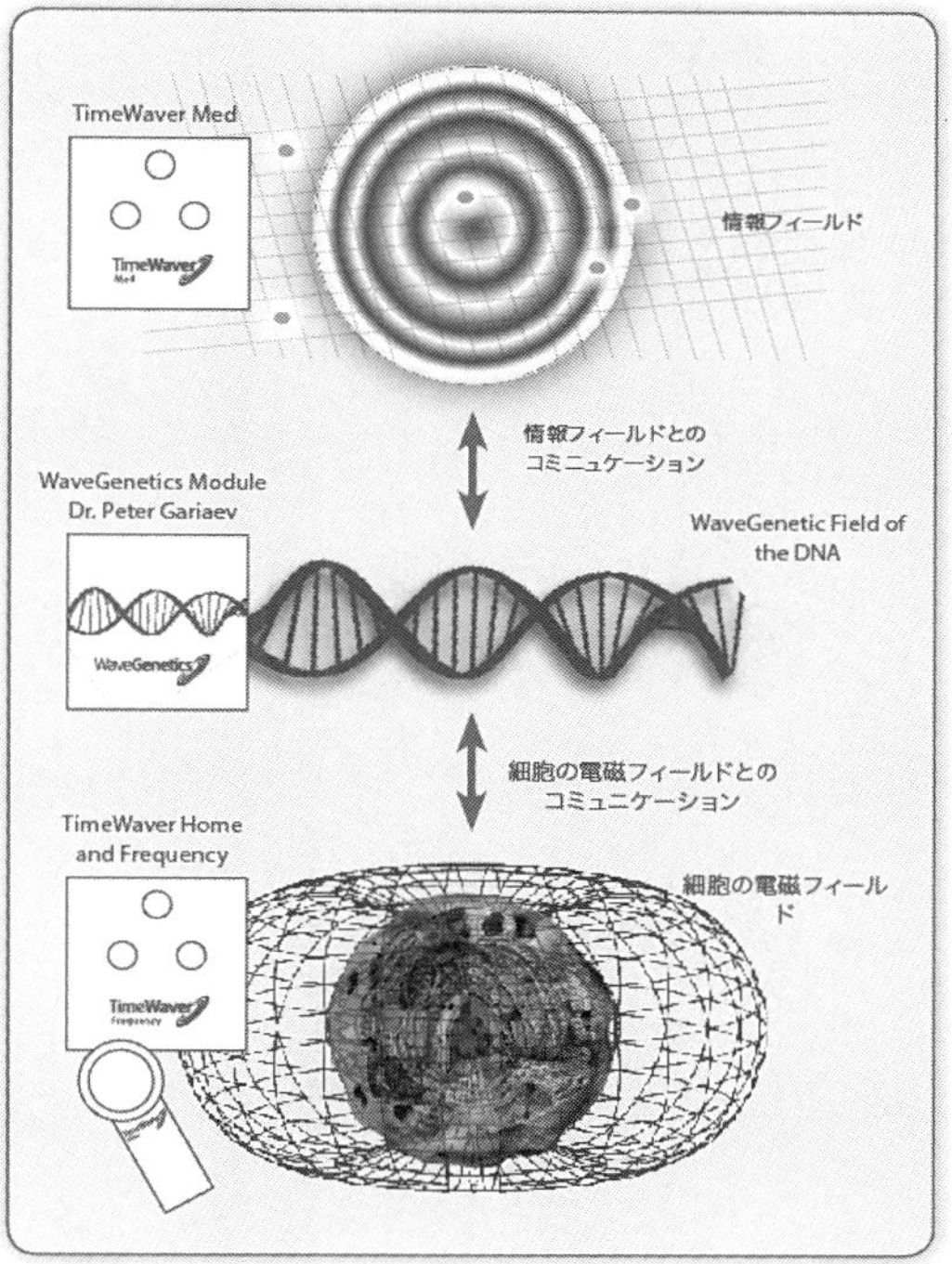


ファントム DNA

でも近年、これらファントムDNAと老化や寿命との関係などが研究され、世界的に再注目され始めています。ロシアでは特にその研究が進んでおり、ガリアフ博士は「ファントムDNAは情報フィールドと細胞をつなぐ架け橋」と言っています。

また、他のロシアの言語学者は、これらのDNAは情報の蓄積と通信ができ、遺伝子コードは人間の言語と同じルールであることを発見しています。

その言語は周波数＝光や音を使って影響させることができるので、そのデータが「ウェーブ・ジェネティクス」の中に入っています。言語は簡単に言えば音情報なので、ファントムDNA情報の言語をウェーブ・ジェネティクスを使って音に置きかえて放射するわけです。

ガリアフ博士によると、これらの音（ファントム情報）が細胞の代謝を活性化するとのことなので、データベースには、免疫や代謝、ウェルビーイング、骨や血液・脳といった情報の音源が入っています。だとしたら「既存のDNA情報でも変わらないのでは？」と思われるかもしれませんが、残りの98％はファントムという一種バーチャルな情報で、そのファントム情報が常に背景で細胞と情報フィールドをつないでいるのです。

「ウェーブ・ジェネティクス」の使い方は他のアプリと同じで、必要なデータを選ぶ際は必ず「フォーカス・テキスト」という言葉を入力する必要があります。

例えば「今の私にピッタリなファントム情報の言語」と入れると、必要な音源が2〜3コ選ばれますが、その音は何とも不思議な音で、まるで宇宙人がしゃべるような宇宙語みたいな、ノイズみたいな音なので、聞いていてもあまり楽しいものではあり

ません。むしろ、それを聞くと、頭が痛くなったり、気持ちが悪くなることもあり、何かイマイチなんですよね。（笑）

ところが、あるクライアントさんに試してもらうと、「これ、すごいですね」ととても気に入られ、びっくりしました。その音源は一時間ぐらいの長さでした。本当は一時間全部聞いたほうが良かったのですが、お試しのつもりでしたので、3分ぐらいでやめました。そしたら、何か居心地が悪そうに「私、できれば最後まで聞きたかったです」と言って、「ごめんなさい。今日は時間がとれないので、続きはまた次回ね！」といってそれで終えました。

その後、彼女から「3分だと変な部分だけ覚醒して、何か途中で終わったような中途半端な感じがして、すごく居心地が悪いから、もしよろしかったら、残りのものが欲しいです」とメールが来ました。

「いいですよ」と言ってMP3のファイルで送ってあげたところ、「最後まで聞いてやっとカチッとはまったような感じがしました。それを聞いた後に私の中で何かが大きく変わりました」という報告を頂きました。その人の必要なタイミングにそれを使うと、何かが大きく変わる。やっぱり何かが変わるのかなと思いました。私はまだ全然使いこなしていないんですけどね。

――ごみと言われる98％の情報は、言語、音なんですね。

**寺岡**　言葉は音なので。音というものは、これからの世の中のキーワードになると思います。音は倍音構造をしているので、10、20、40というように倍々で音が広がっていくのですが、DNAレベルでも同じことが起こっているのかなという気がします。ウェーブ・ジェネティクスはまだ始めたばかりですが、ちょっとおもしろいモジュールだと思います。

――それを「試したい」と言う人は、どういう人ですか。

**寺岡**　タイムウェーバーのカタログを見て、興味をもった人が多いようです。その際は、「反応が強く出ることもあるけど大丈夫ですか?」と必ず確認してから行います。

## エネルギーの「つぼ」を測定するエナジーポイント機能

**寺岡**　エナジーポイントはヒカルランドさんもお使いですよね。

――　はい。

**寺岡**　エナジーポイントのアプリは、もともと経絡の「つぼ」調整として開発されました。鍼灸師のように鍼を打たなくても使えるという利点がありますが、実はこのアプリは、「つぼ」調整以外の応用編がとても使い方として面白いです。

例えば、間取図や建物の写真、人体やその一部、レントゲン写真などを読み込んで、どこにエネルギー的な滞りがあるのか分析することができます。

人体であれば、人の写真をエナジーポイントに読み込んで、例えばその方が肺に不調があれば、写真の肺のあたりにピン打ちをしてそこに肺に関係するデータベースを埋め込んでスキャンするとその部分のエネルギー状態と共鳴している物理面、メンタル面、環境やライフスタイル情報が表示され、必要があれば情報の送信も行います。

又、風水的なチェックもできます。例えば「不眠症」のクライアントさんの、寝室のエネルギーバランスを分析するために、家の間取図を頂き、それを読み込んで分析をしてみました。すると電磁波や他人のネガティブエネルギーが関係していたので、それを解除する情報を送信しました。

その他、自分が作成した色んなチャートや図面、チェックシート等何でも読み込めます。例えば会社のロゴのデザインが、会社のイメージとマッチしているかも会社のロゴを読み込んでピン打ちをすることで分析できます。タイムウェーバー・メッドのデータベースはまだ英語ですが、エナジーポイントを使えば、日本語で作ったものが使えるので助かります。

また、例えば婚活で候補が5人いるとしたら、5人の名前を書いた紙を読み込んで、各々の名前のところにピン打ちして、「私に一番合う人は誰?」と聞くことができます。

薬の名前を書いて、どれが自分に一番合うか等も良いですね。

## ビジネス、経営コンサルでも非常に有効なエナジーポイント

**寺岡**　このような使い方はビジネスでも多用されています。

通常、コンサルタントへの相談は売り上げアップや人材、新規事業がほとんどなのでアドバイスも型通りの方法を提案されますが、自分の会社に完全にマッチさせる経

営コンサルは難しいんです。でも、エナジーポイントのアプリを使って自分の会社の組織図と担当者にピン打ちして、「会社の中で一番アンバランスな部署はどこか」「一番共鳴していない担当者は？」「一番テコ入れしなきゃいけない部分はどこか」と聞くと、ピンポイントで「この部署」「この人」「この部分」と出てくるので、そこに調整をかける。このように自分の会社に応じてカスタマイズ出来るのがエナジーポイントなんです。

――エナジーポイントは実は使っていなかったんですが、早速、使います。

**寺岡**　うちでは息子が芸術系なこともあり、図やチャートを作るのが得意なので、エナジーポイントにたくさんの図を読み込んでいます。彼は用途に合わせたチャートとアイコンを使って、いろいろな角度から会社を分析するのが大好きなんです。

製品開発するヒントとしても使えます。

A、B、Cという新製品のうち、どれが一番市場にマッチしているかや、製品を一つに絞った後は、価格、ターゲット、デザイン、広告等に関してどこが一番改善する必要があるのかも分析することができます。例えば「製品名」のエネルギーが弱いと出たら、製品名を考えなおしたほうが良いですし、「広告」と出たら広告媒体を変えたほうが良いかもしれません。

ビズシステムにもともと入っている「成長へのバリア」というテンプレートがあります。このテンプレートは、新製品が市場に投入されてからマーケットに浸透するまでの段階を7つのステップで見ることができます。例えばその新製品が第2ステップに適合した場合、「競合との差別化」ができていない、ということになるし、最後の第7ステップに適合したとしたら、「お客さまがその製品のすばらしさを他人にも紹介してくれる」になるので、ここまで来ればその新製品が市場で循環するシステムが出来上がったことになります。

エナジーポイントはイマジネーションによって無限に使えるので、ぜひいろいろ使ってみてください。

——取り込んだ画像なら何でも使えるという感じですね。

**寺岡**　今、私たちが実験しているのはマズローの欲求の5段階説についてです。マズローの欲求段階で「この人は今どの欲求段階にいるか」分析します。例えば、「この人は尊厳の欲求を求めているけれども、その前の帰属の欲求が満たされてないよね」ということがよくわかる。それをマトリックスで見せてあげて、自分が今どう

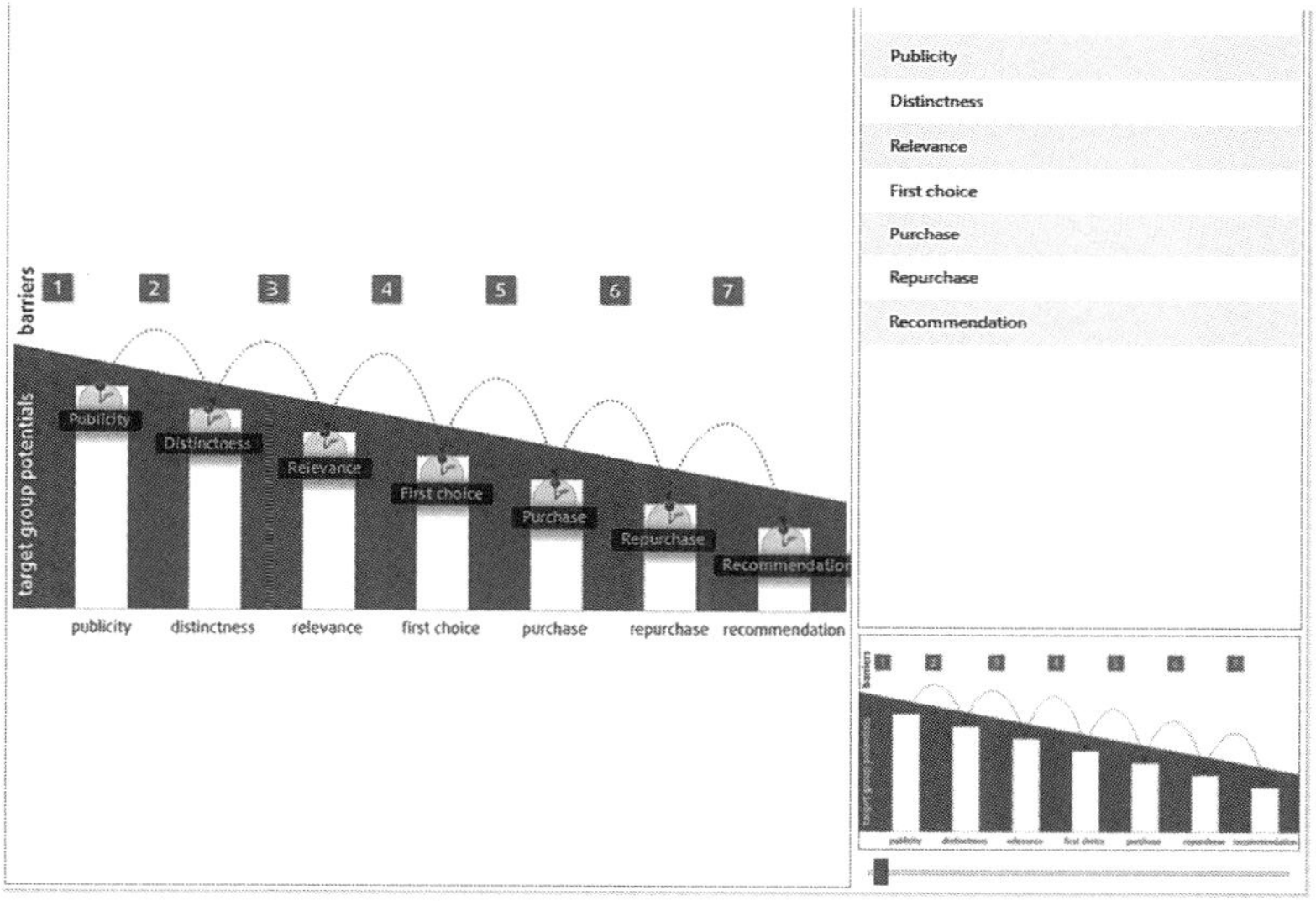


成長へのバリア

いう欲求段階なのかを気づいてもらう。例えば会社や家族に属したいという社会性的な欲求なのか、それとも他者から認めてほしいという尊厳欲求なのかを伝えて、「あなたは社会的欲求を満たさない限り、次の段階の心を満たすという欲求には行けないよ」、そういうアドバイスもできる。チャートさえつくっておけば、いろいろな角度で分析することが可能なんです。

現在、開発部門では、今言ったような各々の会社や個人に必要なオリジナルのコンテンツをオーダーメイドで作成するサービスを提供していく方向で進んでいます。もちろん社内だけではなくて、外部ブレインも巻き込んだプロジェクトです。

タイムウェーバーをマニアックな領域にとどめるのではなくて、広く一般の人に理解してもらうためには、タイムウェーバーの難しい理論を説明するのではなく、もっとエンターテインメント性があるデータベースを作って、マトリックスのチャートでも何でもいいんですけれども、ゲーム感覚で楽しく使えるような仕組を構築したいと話しているところです。

タイムウェーバーは能力開発も得意なので、クリエーター系の人に使うと、自分の気づいていない才能に気づけます。芸術家とか、モノをクリエートしている人は頭がすごく柔軟なので、直感的に理解してもらえます。

新しいインスピレーションとかイマジネーションアイディアがどんどん湧いて来る様なので、自分の眠っている能力を目覚めさせ、伸ばすための方法やアドバイスはとても喜ばれると思います。

――ヒカルランドのITTERU本屋のロゴを新しくつくるときにカラーで悩んだんです。そのデータがあれば、それを読み込んでピン打ちして、例えば「この本屋が一番発展する色はどれですか」とやったら、結果がパーセントで出てくるということですね。

**寺岡**　そうです。でもどうせなら、色だけでなくもっといろいろ調べることのできる、ブランディングのための「ブランド心理学」データベースを使うと、色や形、デザインのアドバイスを得る事が出来ます。

例えば「ITTERU本屋のブランドを構築するためには何が一番必要ですか」と聞いたら、カラーとか、デザインとか、強化したほうがいいところが出てくるので、それを使うと、ロゴのデザインのポイントや製品イメージを作るのに役に立ちます。

――ロゴの色で6色候補があったとしたら、その6色のデータを作成しエナジーポイントに読み込んで、ピン打ちして、そこに先ほど言ったようなブランディング用のデータベースを設定するという感じですか。

**寺岡**　それでもいいし、色の優先度だけを知りたいならデータベースを設定せずに、ピン打ちだけで良いです。そして「ITTERU本屋がすごく発展するためのカラーはどれ？」と聞いて、そのパーセンテージだけで見るといいです。それがもし青だったとして、もう少し細かく知りたくなったら、青のピン打ちのところに先に説明したデザインやパッケージなどのデータベースを埋め込んで、ブランド心理学で「どういう心理的要因が必要なのか」と聞いてみれば良いと思います。

## エナジーポイントの広い応用範囲

またエナジーポイントの話ですが、エナジーポイントを使ったら壊れた電気機器の不調も見ることができます。例えばパソコンが壊れたとしたら、そのパソコンの写真をエナジーポイントで読み込んでピン打ちして分析すると、どこの場所のエネルギーがアンバランスかを出してくれます。私のプリンターが壊れたときも、「ジャックのところの何かの部品の支障」と出たので、そこに調整をかけたら不思議なことに動き出しました。もちろん全ての故障がなおるわけではありませんが。

ドイツでは工場の品質管理にタイムウェーバーを使っています。やたら不良品の出る工場は、エネルギー的にもどこかアンバランスです。ドイツではクルマ工場とか、精密機器の工場にタイムウェーバーで調整をかけると不良品がかなり減ったという報告を良く聞きます。エナジーポイントに工場の図面を読み込んでグリッド状にピン打ちをした後、エネルギー状態を分析し、不調和の場所を特定してから調整をかけるだけです。

——しかも、物質的に調整するのではなくて、エネルギー的に調整するだけですものね。エネルギーでよくなるのだったら、絶対やったほうがいい。

**寺岡**　人を雇ったり探知器を使うより安上がりです。特に電気的なトラブルは、エネルギー的な調整が効果的なようです。電気や電磁波によって拾ってしまういろいろなノイズによってトラブルが起こっていたなら、そのノイズをキャンセルすると、エネルギーがスムーズに動き始める事があります。

ある方から、建物の外壁のテストの相談をうけました。建築物の老朽化や地震とかで傷んだ建物が、どう傷んでいるのか外からじゃわからないので、通常は打診法や赤外線を使って外壁内部の問題を見つけるらしいのですが、その代わりをタイムウェーバーでできるのではないか？　と思ったわけです。エナジーポイントを使って、問題のありそうな場所を予測してから、その後、打診や赤外線カメラを使えば、時間と労力と経費がかなり節減できるんじゃないか。ちょっとそれをやってみようという話になって、今実験を始めた所です。実験なので、すでに答えがわかっているものに対してタイムウェーバーを使って、どこに問題があるのかをあてる方法です。現時点では五分五分ですが、質問の方法を変えることで正解率が上がって来ています。今後、使えるレベルになっていければと思います。

――タイムウェーバーがもっと前にあったら、阪神・淡路大震災のときに高速道路は倒れなかったかもしれない。

**寺岡**　いろいろな実験や研究をしながら、それが実際にデータとして出てくると、よりおもしろいことになると思います。

――手抜き工事までわかっちゃうかもしれないですね。

**寺岡**　確かに。手抜き工事対策ができたらすばらしいですね。想像力を膨らませれば、何でもできちゃうなと思います。

――画像で取り込んだら、人でも文字でも何でもできますものね。

**寺岡**　自分のクルマを読み込んで、どこをどうしたらいいのかも聞けます。2年前にドイツに行ったとき、クルマ会社の人がプレゼンターになって、「燃費は上がるし、故障は減るし」という報告を検証結果を交えて話されていました。クルマが好きな人は試してみてほしいです。

写真が撮れれば、モノが小さかろうが大きかろうが多分できるんだろうなと思います。地球でもできちゃうかも。世界各国にピン打ちして、今どこで戦争が起こりそうか、あるいはどこの国がネガティブエネルギーが強いか等の意識的なものを測定するのもおもしろいかもしれません。天変地異も、理論で言うと、それが起こりそうな兆し、揺らぎが可能性として出るはずです。

## タイムウェーバーでシンボル（神聖幾何学模様）を使う

――エナジーポイント、今すぐ使いたいです。最初、「ビズ」[※1]のモデルで、リスト[※2]とタイムライン[※3]を使うのが主で、エナジーポイントとかほかの機能は使っていなかったんです。多分、使い方がよくわかっていなかったということがあると思います。

※1　ビズ――タイムウェーバーのビジネスに特化した約7・5万のデータベースのこと。

※2　リスト――タイムウェーバーに直接質問をなげかける機能のこと。
※3　タイムライン――過去・現在・未来についての分析をするアプリのこと。

**寺岡**　エナジーポイントを使いこなしていくと、かなり具体的なアドバイスが出るので、現実的に何をすれば良いかもわかります。

でも、逆に機能が多過ぎて、使いこなすのには少し時間がかかります。ステップ・バイ・ステップだと思います。

スピリチュアル・レベルのデータベースの中に「ヤントラ」と呼ばれるシンボルのデータがあります。タイムウェーバーは、形の波動をとても重視します。形の波動は使い方次第ではとても効果的です。

また、同じデータベースの中に「マントラ」もあります。マントラは言葉だけでなく音源も入っていて聞くこともできます。「ヤントラ」をどう使うかというと、ゲノ・ウェーブアプリを使っても、どうやってもうまくいかない相性の2人に、「シンボルを入れる」というコマンドを使ってシンボルで調和させると、急にエネルギーのバランスが整う事があります。

開発者のマーカスはシンボルの効果を強調しています。インドにいたときに、インド風水も学んでいたので、形の周波数によって空間の調整ができることを知っていたのでしょう。タイムウェーバーのデータベースには、ヤントラ以外にもたくさんのシンボル（ミステリーサークルの図やマヤのシンボル等）が入っています。空間・お部屋の浄化に使う場合は、印刷して渡したり、「北東方位のエネルギーが弱いので、ヤントラを使うと良いよ」と出たときには、ヤントラの情報送信だけでなく、その方位にヤントラを置いてしばらく調整をかけるとか、物理的にも調整するほうが効果的なことも多々あります。

# Part 6

# タイムウェーバーにおけるセラピストの役割

## ポイントを絞った分析でガイドする

――タイムウェーバーは何でもでき過ぎますよね。

**寺岡**　何でもできるから、逆に欠点といえば、クライアントさんが「あれも聞きたい。これも知りたい」と言って話が広がり過ぎて、だんだん焦点がボケてきて、結局、収拾がつかなくなってしまうことです。

セラピストは、その人のテーマからあんまり逸脱しないようにポイントを絞ってガイドする必要があります。「それは今日のテーマとは別の話なので次回しましょう。ここから外れちゃダメだよ」と軌道修正しながら、その人が実現可能なレベルから提示させて頂きます。また、調整情報を送信するだけではなく、調整がどの程度効果が出ているのか、今、自分は目的に向かってどの地点にいるのかということを具体的に説明しないと、「すごかった」「おもしろかった」だけが残って、ただの占いで終わってしまいます。セラピストはその人の人生をサポートする役割があります。「すごかった」「おもしろかった」ではなくて、ちゃんと結果を出せるようにナビゲートすることが大切です。

――テーマの本質がわかっていないと、きちんとしたセッションができなくなるということですね。

**寺岡**　その都度、「今回はこんなのが出ています」では進歩がない。まずはクライアントさんが、本当は何を求めているのかに気づくことがスタートです。本人が持ってきたテーマは、それが正しいこともあれば違うこともあります。でも、「違う」とセラピストが言うのではなくて、本人が「私が求めていたのは、これだったんだ」と気づいて自らテーマを変えていくと、より本質に近づけます。結果を何でもかんでも伝えたらいいわけではなく、本人がどうやってそれに気づいていくか。そのプロセスがとてもエキサイティングです。自分で気づいたことが真実であり、そこから変容がおこります。そういう方向にタイムウェーバーを使ってガイドができたら質の高いセッションになります。

――実際にやっていると、「効果があんまり感じられないです」と言う人と、「すごいです」と言う人と、両極端です。しっかり目的を持っている人は、変わるということに気づきやすいように思います。今、うちで一番変わっていないのは婚活で来ている人で、彼氏ができないんです。寺岡さんが、エネルギー調整をかけたら、2週間後ぐらいに彼氏ができた人がいるとおっしゃったので、セラピスト側の問題なのか、その人の問題なのか。

**寺岡**　私の場合は、最初に例えば「一年以内に彼氏ができます」と「問い」を出して、9とか10と出たとしたら、「今の時点ではちょっと難しいよね。でも、その原因を知って何をどうしたらいいかを調べてみましょう」という感じでやっています。

ある女性のクライアントさんで、ついに結婚までこぎつけた人がいました。

ただ、人によっては、結婚すると決めてきていない人もいるようです。この間、「あなたは今回結婚するようには生まれてきていないようだけど、それでもしたいの？」と出てきた人がいて、本人も「やっぱりそうですよね。何かわかるような気がする」と言っていました。結婚は決めてきていないとか、子どもを産むようには生まれてきていないとか、そういう人生の人も確かにいるようで、それはそれでしようがないのかなと思います。

——その人が納得できればいいんですが。

**寺岡**　結婚する運命にない人の人生をムリやりねじ曲げることはできません。ほかに何かやることがあるかもしれないので、それをどう気づかせてあげるかというところでやるしかないです。もちろん未来が変わることはあります。ある程度の筋書きしか決めてきていない自由度もあると私は思っていて、寿命も場合によっては途中で変わることがあると聞いているので、結婚という方向がないとは思わないんですが、その前に何かやらないといけないことがあるとしたら、そっちに気づいて頂いた後、どう運命が変わるのか。それがポイントです。いずれにしても、そんな事がわかる事自体が興味深いです。

――結婚と恋愛はまた別物だったりしますしね。

**寺岡**　そのとおりです。タイムウェーバーでは、この「問い」の文章の作り方が大変重要となります。「私はパートナーが一年以内にできます」「結婚相手が1年以内にできます」「彼氏が一年以内にできます」、どういう言葉を使うかによってメッセージが違いますから、この人が欲しいと思っているのはパートナーなのか、結婚相手なのか、恋愛相手なのか、その辺のカウンセリングをセラピストがちゃんとしなきゃいけない。カウンセリングをして意識を合わせておかないと、違う答えが出てきます。セラピストは極力クライアントから出て来た言葉を大切にして、「問い」を作るというのは、慣れるまではけっこう難しいかもしれません。

## レベルウェーブはエネルギーの12次元階層を縦軸でつなげる

**寺岡**　どういう意図を持って「問い」を作るかで、結果が変わるので、意識のすり合わせはすごく大切です。そうすることで、正しい意図がコンピューターに伝わり、意識のコンピューター化がおこります。

——日本語だと、同じ意味合いで、違う解釈の言葉も結構あったりします。例えば英語だったらそこまで考える必要はなくて、日本語だからということもあるんですかね。

**寺岡**　それは関係ないと思います。言葉でうまく表現できない人がいますが、言葉を考えている瞬間、人は何かにフォーカスします。そのフォーカスがそこに「こんな感じなんだけど」というフィールドをつくる。「問い」はそれをより固定化させるためのものなんです。書くとイメージがどんどん固定化するんです。意思の力が強い人であれば、ほんとは言葉は要らない。その人が「フォーカスするものはこれ」とちゃんとわかっていたら、表現力はあんまり関係ないんです。だから日本語でも、その他の言語でも問題ありません。

もちろん、タイムウェーバーはユーザーの感性のレベルや主観によって結果が変わる傾向を、高速演算処理を短時間で行う現代の技術力でかなり軽減することに成功しています。

私は最初ソフト自体が英語なので、一年ぐらいは全部英語で「問い」を書いていました。自分が頭で思っていることと英語の表現があんまりうまく一致しないこともあって、これでほんとにいいのかなと思っていたんです。ある時、ドイツのトレーナーに「日本語で入れたらどうなんですかね」と聞いたら、「えっ、日本語で入れてないの？」「自分の言語でやるのが一番フォーカスできる。当たり前でしょう」「それはそうだけど、言わなかったじゃん」みたいな。(笑)「自分が使う言語が一番いいよ」と言われて、「それはそうだよね」と。

――こっちの意識でイメージもしやすいですものね。

**寺岡**　頭でイメージしたら、もうそこでフィールドが作られている。ただ、頭でイメージしたことを、どういうふうに書いたらいいかと考えて言葉にすると、フィールドがより固定化する。LMレベルだったのが、どんどんCになったりDに落とし込まれることで、固定化し現実に近づく。言葉を入れることでそれを固定化させるだけだけだから、別に誤字、脱字があっても関係ない。

［※タイムウェーバーでは、「問い」に対しての結果の可能性を数値とポテンシーと呼ばれるエネルギーの階層レベルを示す、「LM」「C」「D」の3つで表現する。「LM」心理的問題（問題がイメージ・直感・決断力・ビジョンとして表れる）。「C」メンタル的問題（問題がコミュニケーション・計画・モチベーション・方法に表れる）。「D」物理的な問題（問題が病気や経済等の物質レベルとして表れる）。］

重要なのはその人が世界をどのように見ているかです。それを1～12次元まで包括的に表現するアプリがレベルウェーブです。レベルウェーブは、今現在のその人の世界観がそれぞれの次元にどう反映しているかを分析することができます。今まではセラピストが手動で各々の次元のデータベースにアクセスして調整をしていたので、レベルウェーブができたことでワン・クリックで分析できるようになりました。

―― レベルウェーブは全部自動化されているんですよね。

**寺岡**　自動化されていて、なおかつ、データベースが今までの65万から一億以上と飛躍的に増えたことで、瞬時にクライアントに共鳴が必要な情報とターゲットレベルを1〜12次元から選択し、自動的にプロトコルを作成します。

――レベルウェーブはセラピストが考えていた「問い」さえも自動で文章化されるんですものね。

**寺岡**　そうです。クライアントの今の意識を拾って、言葉も自動で考えてくれる。レベルウェーブの目的は、その人が本来あるべき姿に戻るために各々の次元で調整が必要なことを自動で検出して、いつも最適な状態になるように調整をかけ続けていく。セラピストがするとどうしても次元へのアクセスに限界があるので、それを超えてニュートラルに分析が可能なレベルウェーブは今後、大きな役割をはたすはずです。

ではセラピストは必要なくなるのか？　といえばそうではなく、先にお話ししたように、クライアントに心から求めていることに気づくためのサポートは一回のレベルウェーブでできるかと言うとそうではなく、クライアントの現実レベルの変化を聞きながら、時にはピン・ポイントでの分析も必要に応じて加えることで、レベルウェーブの効果が高まります。

——例えば石井社長が「3年でヒカルランドを10倍にする」と入れたら、あとはそうなるように自動で調整をかけ続けてくれる。マーカスが言っていた「企業家の意識のレベルアップ」に最も適していますね。

**寺岡** レベルウェーブは本来、フォーカスは入れずにあるべき姿に調整をかけるためのアプリですが、もちろんマニュアル操作に替えて、手動で「問い」を入れても使えます。手動で「問い」を入れても、結局はその企業が本来行うべきミッションのために必要な調整をする、というイメージです。

——ベクトルが常に合っているような状態になるんですね。いやあ、タイムウェーバー、早く日本でも普及させたいですね。

**寺岡** そうなったときに日本は変化すると思います。

## セラピストのクオリティー

——タイムウェーバーを使う上で、セラピストのレベルは関係するのかについておきかせ下さい。

**寺岡**　例えば、「あんなに有名なヒーラーなのに結局がんで死んじゃった」というのはよく聞く話です。

じゃあ自分の病気も治せないヒーラーはにせ物か？　というとそうではありません。どんなにすばらしいカリスマヒーラーであっても、人間である以上体調も壊すし、何らかの原因でいつかは死ぬわけです。ところが皆、レベルの高いヒーラーは一種神のように万能であることを期待します。また、自分が持っていない能力を持った超能力者やチャネラーに対して、やむくもに心酔するのも注意が必要です。高い霊能力を持った人が魂のレベルも同じように高いか？　というと、イコールでない場合もあります。逆に、何の霊的能力を持っていなくても、すばらしい霊性を持っているセラピストは世の中にたくさん存在しています。

同時にセラピスト自身が病気にかかると、自分がまだまだ修業が足りないからだ。こんな自分は、人をヒーリングする資格はない。もっと色々学んで修業しないと、となり、セラピストとしての実践に一向に踏み出せない人を多く見かけます。

そのベースにある共通認識は「病気は悪」という考え方です。

何度かお話ししたように、「病気はメッセージ」と考えると、その方がどのような立場であれ魂は常に成長を求めるので、次のステップに進むための課題が「病気という形をとっただけ」です。それぞれの立場で淡々とそのメッセージの意味を理解し、課題をこなすだけです。人からどう思われるかを気にすること自体がおかしなことです。

そう考えると、「タイムウェーバーを扱う上でセラピストのクオリティー」で一番大切なのは「病気や問題に対して常にエネルギー的な見方と考え方のできるセラピスト」、そして、次にエネルギー医学の基本的な知識を持っているセラピストが、私の思うクオリティーかなあと思います。

「エネルギー医学の基本的な知識」に関しても重要です。日本ではエネルギー医学に関する基本知識をちゃんと学べる場がありません。今、私は活動の一環として、エネルギー医学について学ぶ場や研究をするプラットフォーム作りの構想をスタートしています。

## エネルギー治療の暗黒時代

――病気が薬で治らないとか、病院に行っても治らないということがふえ、代替医療に関する知識もインターネットを介して随分と広がってきているので、エネルギーのことが注目されていくのも時間の問題かもしれないです。

**寺岡**　私はエネルギー医学・情報医学を普及する活動も行っていて（「エネルギー医学の最前線」という名で情報を無料メルマガで発信している）波動の歴史やエネルギー医学の歴史を調べています。波動機器もしくはエネルギー測定機器は100年ぐらい前からありました。1900年前後のころは、エネルギー治療の最盛期で、米国でも医師が率先して、治療に導入していました。

ところが、1910年に米国の医学教育と方針の大転換がありました。それがフレクスナー・レポート、です。この報告書は、科学的根拠のある治療として薬と外科的処置を主体とした方針を強力に推進するものでした。以後AMA（米国医師会）はそれ以外の治療を一切禁止しエネルギー医療を含む全ての認可されていない治療をした場合は医師免許を剝奪するというとても厳しい措置をとりました。１９３５年頃には、これらのエネルギー機器は大量に倉庫でシートを掛けられ積み上げられていたそうです。そこからエネルギー医療の暗黒時代がスタートします。ある米国人から話を聞きましたが、エネルギー機器を使っているのが見つかると、その人は捕まるだけでなく、大きなカナヅチを使ってその場で機械を壊されたそうです。なぜそこまで徹底的に弾圧するのか？　背景には政治的な力が存在しているのでしょう。

それ以降、エネルギー機器が一斉に米国から姿を消してしまいました。

エネルギーセラピーの技術を持っている人たちはヨーロッパに移りました。ヨーロッパでももちろんエネルギー機器を否定する動きはありました。その当時、米国とソ連はどっちが先に月に行くかを競い合う中で、ソ連では波動機器を使って宇宙飛行士の健康管理を行い、素晴しい結果を出し始めていたそうです。

宇宙飛行士は重力のない大気圏外に行くと筋骨格が急激に衰えます。骨が骨粗鬆《こつそしょう》症《しょう》のようになって歩けなくなってしまうのです。しかし、当時のソ連では周波数治療器を使うことで骨の状態が劇的に改善しました。これがＰＥＭＦ（パルシング・エレクトロマグネティックフィールド）と呼ばれている技術です。

ソ連があまりにも効果を上げているので、ＮＡＳＡもようやくＰＥＭＦのパテントを取りました。２０１１年にはＦＤＡ（米国食品医薬品局）がうつ病患者向けにＰＥＭＦを認可しました。

今では米国でも急激に開発が進み多くの民間の企業が開発にも参入し、１００以上のエネルギー的な治療器が認可されています。

唯一がんについては、先ほど言ったように、いまだに認可されている機器が非常に少ない現状のようです。

米国の事情も昔に比べると随分と変わりつつあるようですね。その影響もあって、日本でも、私が始めた15年前に比べると、エネルギー測定器に対する情報も流通しており、一般の方にも浸透してきているので、昔のように「詐欺だの、怪しい宗教だの」と言う人はずい分減りました。

私がＮＥＳシステムを導入した10年前はまだ目に見えないエネルギーに対して懐疑的な人も多かったので、その時に、タイムウェーバーみたいなものを出したら、きっと大変だったと思います。（笑）それから10年たって随分と状況が変わりました。それでも「スピリチュアル」と言うと、やはり「怪しい」と思われがちなので、物理的な理論やメカニズムもわかる範囲で、できるだけ説明させて頂いています。またセミナーや講座も定期的に行っています。ところが、不思議にタイムウェーバーを導入しようという人は、理論をあまり気にしていませんね。もちろん理論にも興味はお持ちですが、それが導入する決め手になったか？　というとそうじゃないようです。

——理論を理解するまでに心が折れる。それを訳した寺岡さんはヤバいです。

**寺岡**　最近は監訳だけするのですが、このような理論は日本語訳されているものが、ほぼないため訳者選びも大変です。仕上がった文章が意味をなしていないことも多々あり、それを修正するのは本当に時間がかかります。開発者のマーカス・シュミークが書いた「科学におけるラジオニクスと医学」の中で書かれている現代物理から最近の量子力学の理論や数式の説明は未だにとても苦労しています。どれだけ心が折れそうになったか。でも、日本ではこういう情報を発信している人がほとんどいない状況なので文献は多いに越したことはないし、残すこと自体が、意義があることだと思います。それに、ラジオニクスのことについて、ここまではっきりメカニズムを説明した文献は日本語ではないので、貴重だと思っています。

出稿前に誤字脱字を校正しなきゃいけないんで、スタッフにも見てもらったんですが、結局、最後まで根気よくチェックしてくれたのは息子だけでした。彼は私以上に追求タイプなので、理解できない理論や、技術的に理解が難しい所をドイツのトレーナーに直接聞き出してくれたりするので、彼がいてくれて助かっています。

エネルギー医療を目指すセラピストには是非読んで頂きたい本です。サイトから無料ダウンロードができます。

# Part 7

# タイムウェーバーの物理的メカニズムについて

## タイムウェーバーの物理的な背景

――タイムウェーバーの理論的背景はどういうものでしょうか。

**寺岡**　タイムウェーバーは、物理的メカニズムをもった2つの構造―一つは「量子プロセス」を可視化するための装置であるLQR（ライト・クオンタム・レゾネーター）、もう一つがノイズ・ジェネレーターと呼ばれるダイオードを使ったノイズを発生させる装置―を実装することで12次元までの情報にコンタクトしています。

「この機械、何の機械ですか」と言われたら、簡単に言うとラジオニクスです。ラジオニクスは過去の歴史で紆余曲折があり、「ラジオニクス」と聞いただけで「とんでも科学」と思われてきましたが、タイムウェーバーは科学的、物理的な技法と技術をもとに、完全に環境からの干渉をシールドすることで、純粋な2つのノイズ源としてのアナログ電気信号（ホワイトノイズ・ダイオード）を使うことで、6次元までのエネルギー情報にアクセスし、レーザーでフォトンを発生させ、ミラーに反射させることでその確率を検出し、記録することで、量子プロセスを可視化し6次元よりも上の

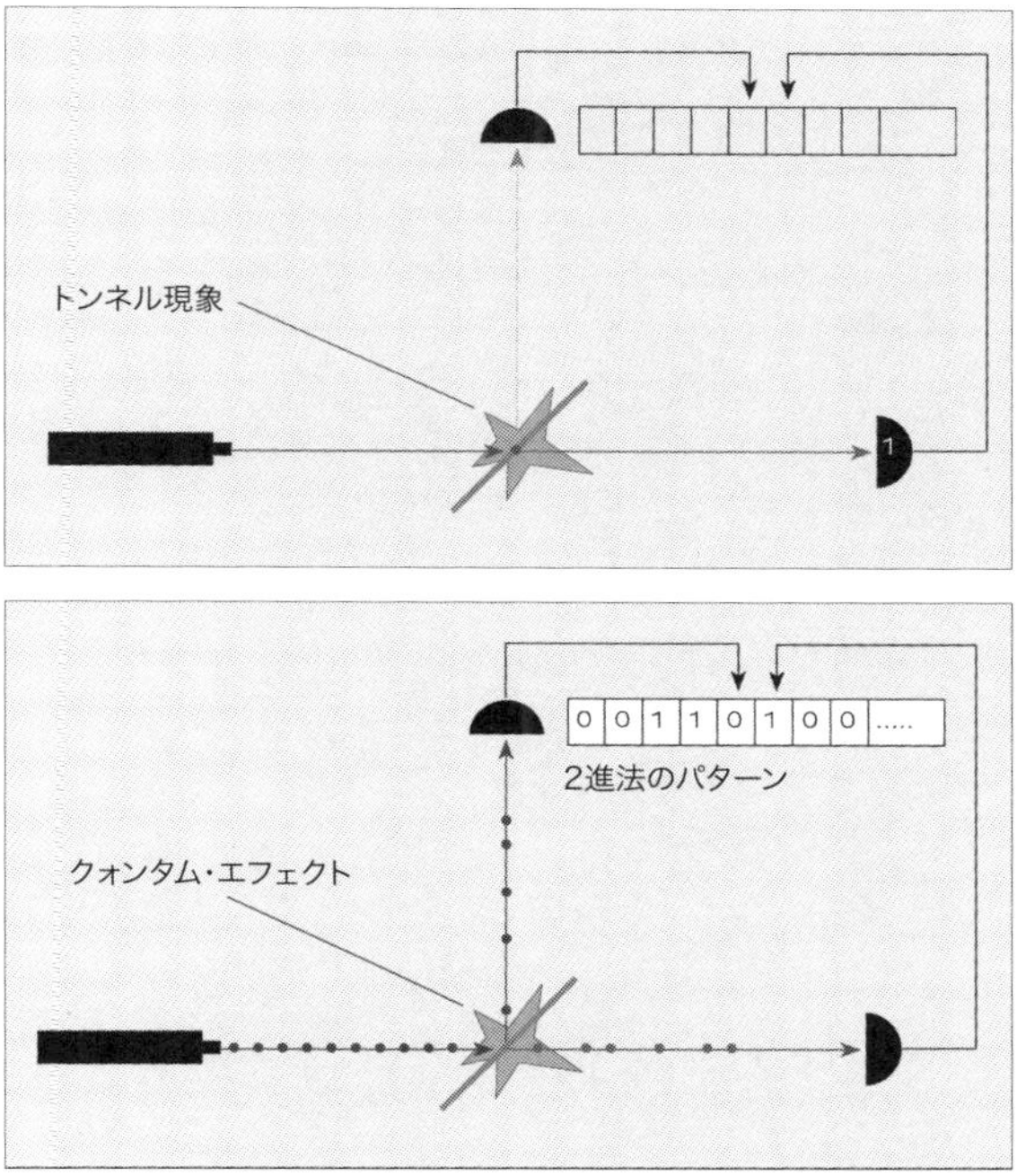


LQR（ライト・クオンタム・レゾネーター）の原理

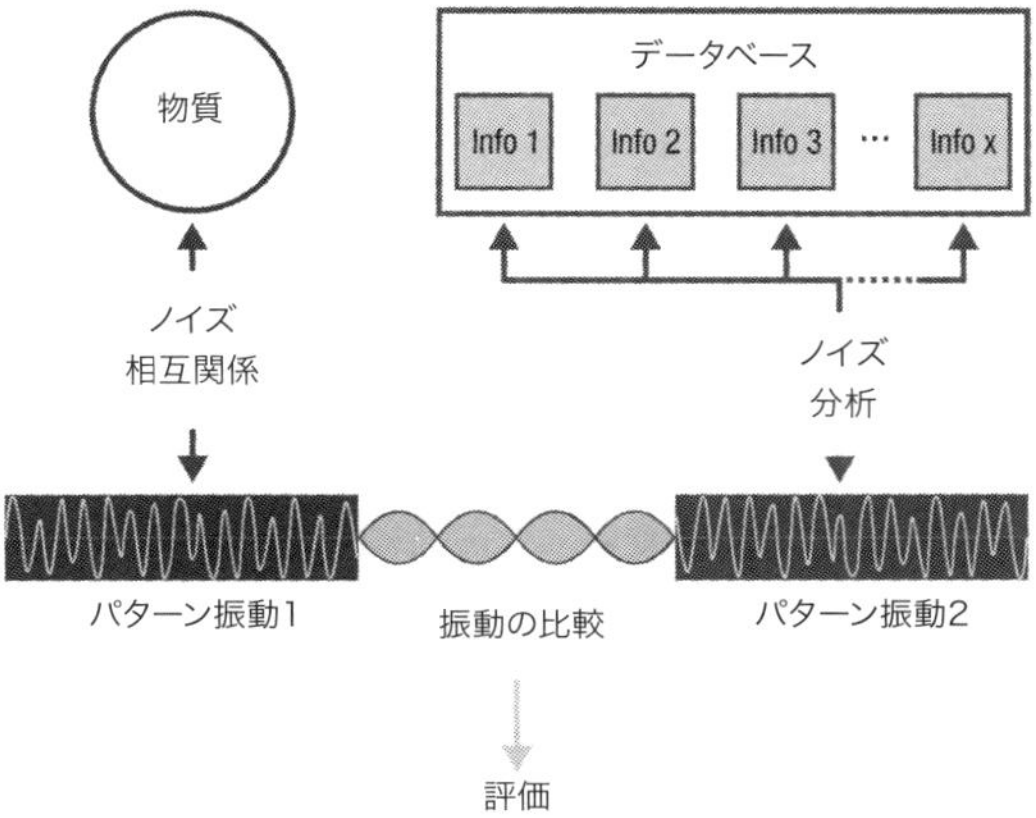


ノイズジェネレーターの原理

情報にアクセスします。

これがタイムウェーバーのコミュニケーションシステムです。通常のラジオニクスと呼ばれているシステムは、コンピュータを使った疑似ランダム・イベント・ジェネレータ（REG）ですが、物理的にホワイト・ノイズ・ソースを使ったジェネレータを実装しています。

2つのノイズ・ジェネレーターをデュアルで動かすことで、物理的比較を行っているのは現時点では、タイムウェーバーだけと思います。デュアルで動かすことで、一つはデータベースへの振動パターンの比較、もう一つがクライアントのフィールドに対しての比較を同時に処理するため、分析速度が飛躍的にアップします。オーガンコヒーレンスであれば3秒程度で完了します。

ノイズ・ジェネレーターが一つしかない場合、振動パターンの比較はできませんので、比較なしにデータベースでの適合率によって結果を選択します。また、ほとんどの機械は、電気的にフィルタリングされたシグナルを使ったノイズ・ソースを使っているため、必要な情報がカットされてしまう可能性もあります。タイムウェーバーは2つのジェネレーターにより内部で発生させたフィルタリングされていないノイズ・

ソースを使うので、全ての情報にアクセスが可能です。速さとフィルターをかけない情報、振動パターンの比較、これがノイズジェネレーターを2つ積むことの利点です。もちろん、一方で一見わからない情報もランダムにたくさん出てくるのですが、それは私たちの判断で削除してはいけないという原理のもとに、デュアルノイズジェネレーターと、バイオフォトンのコミュニケーションという2つのシステムを使っています。

意識と情報場とのコミュニケーションにはフォトン以上に適した素粒子はありません。しかし個々の量子事象を隔離し独立して観察するのは難しいのです。量子状態の性質上、観測すると量子状態は崩壊してしまうので、別の方法を考える必要があります。そこで量子現象としてのトンネル効果を使用しました。弱いレーザーでフォトンを発生させて45度の角度でハーフミラーにぶつけることで、ミラーを通過するのか反射するのかを0と1の二進数列に変換することで、量子プロセスは可視化されます。その装置がLQR（ライト・クオンタム・レゾネーター）です。

タイムウェーバーは、純粋な情報を得るために、厳密にシールドされなければならないので、本体にはほんとに継ぎ目がないんです。環境の電磁波等の干渉を受けない

ために筐体《きょうたい》はとても重く精巧に作られているので、タイムウェーバーのことをデバイスの「ベンツ」と呼んでいます。（笑）

——継ぎ目がないというのは確かにそうですね。

**寺岡**　外界の物理的な影響を受けるのは、ノイズジェネレーターのほうです。フォトンのほうは、コミュニケーションが違うレベルにあるので、別にシールドしなくても影響を受けないらしいのですが、ノイズジェネレーターを使う以上、シールドをしないと、外界のノイズの入った情報になるんです。

昔、私が使っていた、江本勝さんが米国から持ってきたMRA系の改良型の日本製ラジオニクスの波動測定器は、環境の影響を受けやすいため、電磁波等の影響で環境が安定しないと正しい情報がとれないし、変な場所で測定してると、いろいろな霊的なエネルギーも場合によっては拾ってしまい、体調を崩してしまうことがありました。昔のプロトタイプの測定器は分析前に場を整えることも仕事の一つでしたので時間がかかって大変でした。一人測定するのに2時間以上かかる事もよくある事でした。

それでも役に立つ機械なので、みんな必死で頑張ったんですけどね。今はテクノロジーが随分と進化したので、その成果を存分に取り入れたタイムウェーバーは、ちゃんとシールドしてあって、どこに置いても、昔のような苦労や問題もなく、そして短時間で測定できる。それがタイムウェーバーの技術的なところです。

――物理的な背景によって、速いし、外界の影響を遮断して正確であるということですね。

## コズイレフ・ミラーはエネルギー領域と意識領域をつなぐ!?

**寺岡**　タイムウェーバーのメカニズムの一つであるフォトンのミラーを使った量子プロセスについては、量子力学の光の波動性と粒子の二重性を示す、二重スリット実験をご存じであればイメージしやすいと思います。もう一つ、タイムウェーバーならではの特徴として、一般的には、少し信じがたい内容ですが、コズイレフ・ミラーと呼ばれる時空を超える装置が入っていることは、Ｐａｒｔ２で説明しました。

コズイレフ博士が開発したコズイレフ・ミラーは、もともとは望遠鏡の中に入っていた大きなもので、コンピューターでコントロールします。この技術に感動したマーカスが、これを何とかタイムウェーバーに入れられないかということで、縮小版の円筒形のコズイレフ・ミラーをつくって、その中心にダイオードを設置することで4次元以下の情報と6次元以上の情報のコミュニケーションを可能にしました。

ドイツに行けば中身を全部見れますが、ミラーの上にダイオードがポンと置いてあるだけなんです。でも、ここからも電磁場が発生します。そうすると、ミラー内でエネルギーの無限大の反射が起こって、ここの中心に時間の流れの密度が圧縮されたフィールドが発生します。ミラー内部は時間波放射の反射率が100%なので、完全に時間波フィールドから遮断されます。この内部では時間は圧縮された連続体となり、宇宙全ての場所と結びついている為、距離とは無関係に情報を転送することができます。

――モバイルのほうにも入っているんですか。

**寺岡**　いいえ。モバイルには、LQR装置のみが入っています。

――お客さんによく「この機械は何をやってくれるんですか」「ここからエネルギーが来るんですか」と聞かれるんですが、全部タイムウェーバーの本体の中で行われている。それは説明しやすいですね。

**寺岡**　タイムウェーバー本体の中で行われることによって、ノイズを拾うことなく、非常に正確な情報が得られるんです。この中に一つの小宇宙が入っているようなイメージです。

これは彼らが言っているわけではないんですが、イメージとしては、コズイレフ・ミラーの中に時空を超えた、凝縮された一つの小宇宙ができている感覚です。

それはもちろん人の意識と環境によって崩壊と構築を繰り返しながらホログラフィック・フィールドが生成されている、そこに形成された小宇宙とは、人類や宇宙の記憶の場であるアカシックレコードと呼ばれているものかもしれません。そこに人類の全ての情報が凝縮されているのかなという気がしています。

タイムウェーバー社は、アカシックレコードという言葉は使っていませんが。

――出すと、ちょっとオカルト的な感じになっちゃうからですかね。

**寺岡**　かもしれませんね。カンファレンスに行くと、本体を全部バラして中身を展示していますよ。初期のタイプから現代の機械に至るまで、歴史を追って全部、中を出して見せてくれるので、おもしろいですよ。

――中身は結構変わっているんですか。

**寺岡**　変わっています。だんだん小型化、軽量化されているような感じです。昔はプラチナでシールドしていたそうです。今はちゃんとシールドできる合金があるから、それでやっていると言っていました。

――これをプラチナでつくられたら全然違う金額になっちゃいますものね。

**寺岡**　その辺には置けない。盗まれないようにその都度どこかにしまわなきゃ。（笑）

――スポーツ選手が持つ小さいものができると聞いていますが、その中にもコズイレフ・ミラーが入っているんですか。

**寺岡**　「ヒーリー」の事ですね。このデバイスはエネルギー領域をカバーするレベルのヒーリングですので、情報レベルとエネルギーレベルを繋ぐコズイレフ・ミラーは入っていません。６次元までの情報で十分なので、基板だけです。

――カンファレンス、行きたいです。

**寺岡**　カンファレンスは、タイムウェーバーの製品情報だけでなく現役の物理学者を呼んで（昨年はＣＥＲＮ〈欧州原子核研究所〉で勤務している物理学者がゲスト）量子物理学の動向などを知ることができます。さすがは偉大な物理学者を多く輩出しているドイツならではですね。

今年9月のドイツカンファレンスは先ほどのお話でふれた「意識が事象に影響するのか」の実験を30年間行ったプリンストン大学のＰＥＡＲＬａｂの元研究員であるロジャー・ネルソン博士とブレンダ・ダイ医師がゲストの一人として講演されるのでとても楽しみです。

この間も次のバージョンのプラットフォームは２２０億のデーターが扱えるシステムになると聞いてビックリしました。先にお話ししたレベルウェーブを最近追加したのですが、65万データだったものがすでに一億以上に増えていました。そんなにどんどん拡張していくデバイスもあんまりないんじゃないかなと思います。

――どんどん進化していくんですね。

# Part 8

# タイムウェーバーをビジネスで活用する

## ビジネスに対するユニークなスタンス

――タイムウェーバーがビジネスや仕事についてのコンサルト、問題解決等のアドバイスを行う場合、どんなことができるんですか。ビズ（Biz。タイムウェーバーのビジネス用のモデルの名前）の内容ということになると思いますが。

**寺岡**　タイムウェーバー社は、ビジネスをしている人、もしくはビジネスオーナーや起業家に活用されることを願っています。

その目的として、世の中を変えるには、経済を動かしている企業家の意識の向上が必要です。タイムウェーバー的に見ると、企業は意志を持った生き物です。企業をコントロールしているのはもちろんCEOですが、企業は、大きくなるにつれて企業意識という一種のエネルギーを持ち、フィールド情報に大きく影響します。生き物であれば健康状態が常に変わっていきますから、会社の健康状態という意味で、人に見立てた見方をするわけです。

企業を人に見立てて、頭があって、手足があって、それを結ぶ血液や内分泌、そし

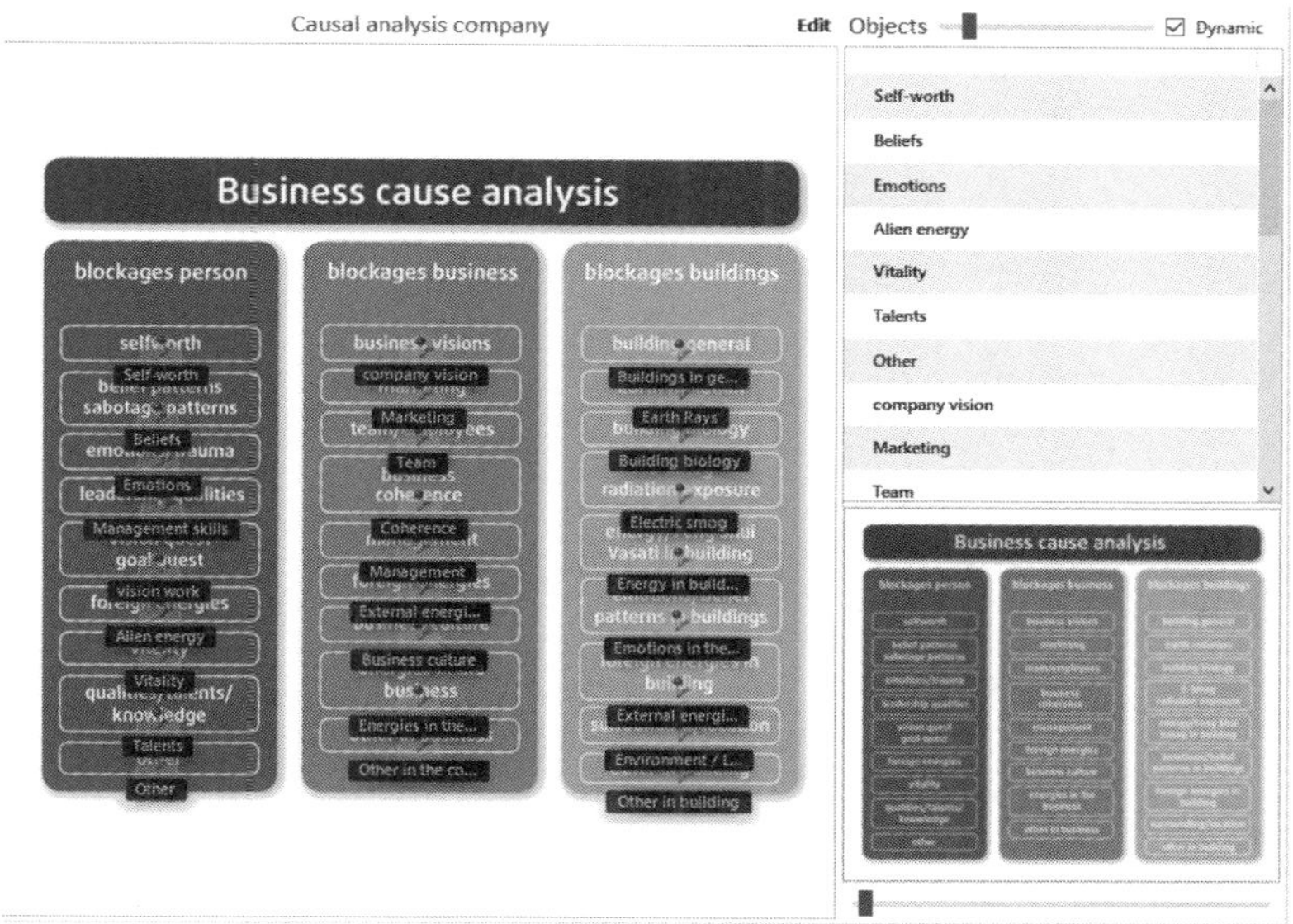


ビズの３つのコラム

てそれらをダイナミックに動かすのが臓器です。頭は経営者ですから、手となり足となって働いてくれている方は従業員で血液のように円滑にお互いを結ぶのがシステム、体を動かす臓器は資本や施設、プラットフォームです。このように常に企業も人間に見立てて分析していきます。企業の見方がとてもユニークというか、普通のビジネスコンサルタントの人は、経営状態とか、おカネの流れとか、今やろうとしているプロジェクトの方向性をコンサルトします。それはもちろんタイムウェーバーもするんですが、最初に見るのは、頭脳であるCEOの人格なんです。

ビジネスチェックをするときに、「僕の会社、来年までに売り上げを2億ぐらい上げたいんですよ」という場合、売り上げを上げるために何をするかという分析をすぐに始めるのではなくて、最初にその人の人格的なものをチェックします。その人が2億を稼ぎ出せるかどうかではなく、その人が企業家として、世の中をより良い世界にする資質、器があるかをまず見ます。器がないと出たら、売り上げとかビジネスとか言う前に、まずはCEOの意識改革と身辺整理を先にして頂きます。

もしその人が、リーダーシップ力やコミュニケーション能力があってどんどん売り上げが伸びていても、家族を犠牲にしている、または会社を私物化しておカネを流用している、あるいはどこかの愛人がいてそれが経営に影響しているなら、それを指摘されます。聞くに聞けないことが多々あるんですけれども、そういうことが結構あります。

私のところに来られるのは二代目経営者が多いんです。本人は結構やる気で親の会社を継いで、新しいことをしたいと思っているんだけれども、先代からいる古株の人たちが古い考えで、やりたいことが全然できない。彼らをやめさせようにも、先代の時代からそれなりにやってきてくれた人たちなので、やめさせられない。どうしたらいいのか悩んでいるというご相談が最近多いんです。

そういうご相談に来られた方で、古株の取締役が5人ぐらいいてタイムウェーバーに「どうしたらいいか」と聞くと、「この人は話せばわかる人」「この人は全くムリ」とか、言うのが申しわけないぐらい、ものすごくはっきり具体的に出た方がいらっしゃいました。

「この人とは、話し合ったら、やっていけるよ」と出て、本人は「いや、この人は最悪。話したくもない人なんですけど」「でも、タイムウェーバーが話してみろと言っているから、話してみたらどうですか」とアドバイスしました。そしたら、本人もびっくり。その取締役は想像していたのと全然違う考えを持っていたんです。周りにあんまり波風を立てたくないから、意見を持っていても言えない。直接聞いたら本音が出たということで、「ほんとに助かった」ということがありました。

また、ある別の二代目社長の方は新規事業をしたいが、古株取締役がなかなか進めさせてくれない、という相談でしたが、タイムウェーバーでは、ある部署で経費が過剰に使われているから調べたほうが良い、という分析が出て、実際調べてみると一〇〇〇万以上の経費が浮いてそのお金を新規事業に投入することができたということもありました。

## ウミ出しで一時的に売り上げが落ちたりする

――石井社長が見てもらったときは、「ヒューマン・リソース」（人材）と出ました。

**寺岡**　「人を入れる」とか、ビジネスの具体的なアドバイスが出始めると、まず第一関門突破です。（笑）「科学者としての資質はＯＫなので、次はビジネスの実務にフォーカスしましょう」ということになるんです。パーソナリティー的な調整が必要な間は、何かを手放すとか、トラウマの解消、メンタリティーの強化、エモーションのコントロール等々が出てきて、全然具体的なアドバイスへは進めません。

加えて、環境の改善ばかり出る人もやはりビジネス以前の問題があって、ビジネスを成功させる環境が整っていない人です。環境を整えるには、物理的な整理が必要です。しかも、モノばかりでなくて、人も整理される。人がどんどんやめていっちゃったりということも起こります。

去年、ドイツでビズのトレーニングがあって参加したら、メキシコから来ていたビジネスオーナーの女性が自分の事例を報告していました。

「まだビズを買ったばっかりです。自分のビジネス用にビズを買いました。でも、言われたとおりにやって一週間後に、40～50人いた従業員のうち、約半数がやめました。事業がよくなるどころか、仕事は大変になるし、売り上げは落ちるし、ますます悪くなるばっかり。本当に困ったことになったんだけど、しばらくしたら、新しい社員が入社して来ました。その人たちが本当に私が望んでいた人材で、今では売り上げは前以上になって本当に驚いています」と言ったら、トレーナーが「それはよくあることだよ。今までの社員のままでは次のステップに移れなかったんだよ。君が望む会社にするには、新しい社員が必要だったという事だよね」とコメントしていました。

タイムウェーバーでビジネスの調整をすると、急に売り上げがどんどん上がるという人もいるけれども、半数ぐらいはそうじゃないです。一時的にウミ出しとしてトラブルが次々出てきたり、かえって全てが悪化しているかのように見えたりするんです。

でも、次々起こるトラブルは、それらをずっとさけて来たからで、それを解決しないと、よくなるものもよくならない。ビジネスはそういう形で進むことが多いので、そこで耐えないといけません。それでやめちゃうと、せっかくその次にはいいチャンスが待っているのに、それを受けとれなくなってしまいます。

実際うちの会社もそうでした。2年ぐらい前ですが、セッションしているほかの会社の人はどんどんうまくいっているのに、うちの会社は全くうまく行かないのです。社内外のトラブルが一気に来て、今までのやり方では機能しなくなっていました。うちがよくならないとクライアントさんにも自信をもって言えないという話になって、皆でいろいろな方法で「トライ・アンド・エラー」で調整をしました。

その時のタイムウェーバーからのアドバイスは、私がもっと情報発信しないといけないとか、「本を書くこと」とか言われました。「でも、そんなチャンスないしな」という話をしていたら、おかげ様でヒカルランドさんからオファーを頂きました。「とにかく2018年の後半ぐらいからはよくなり始めるから我慢しろ。それまではとにかく耐えろ。内部のシステムを全部変えないといけない」と何度も出ました。

うちはそんなに大きな会社ではなくて、ほとんど家族で経営しているようなものだったんですが、「もっと大きくなるから、このシステムじゃ絶対回らなくなる。大きくなる前にシステムを完全に変えなきゃいけない」と言われ「そんなの、どうやるんだ？」と思ってほったらかしにしてたら、ますます問題が起こるわけです。「これはもう変えるしかないね」と観念してようやく重い腰を上げて、人とシステムを入れようと決意すると、そういう人が集まってきてくれた。今までだったら必死で探さなきゃいけなかったのが、自然に声がかかったり、情報が来たりということが起こり始めました。

——水面下の問題がどんどん出てくるときが一番しんどいですよね。

**寺岡**　イヤになるぐらい出てくるんですよ。「それ、やりたくなかった」みたいなところがいっぱい出てきます。いきなりうまくいく人も、もちろんいますが、それは少ないです。やっぱりウミ出しにしっかり向き合ってこそ、次のステップに進むことができる。机上の空論じゃないですが、よくある自己啓発系のセミナーのようにモチベーションだけＵＰしても、現実にある課題を解決しないと打上花火で終わっちゃう。

そういう意味では、タイムウェーバーは地道というか、地に足のついたやり方をアドバイスしてきます。やっていることは超スピリチュアルなんだけれども、やらなき

ゃいけないことは現実レベルで、かなりしんどい。簡単にはいかない。「えー、それ、やるの？　やりたくないな」って。（笑）

――現実世界に落ちてきたときには、それが最短ですよね。

**寺岡**　何も努力せずパパッといくような奇跡的なことが起こることを期待するけれども、そういうことが起こる人は一握りです。個人的にも、さけて通れないことをさけて通っても、結局はどこかでしっぺ返しが来るので。

タイムウェーバーは、「やれ」と言ったことをやらないと、怒ってくるんです。

例えば「このステップを踏んでこれをしなさい」と出て、それをやらずにどんどん次に進もうとすると、「ちょっと待て。前に言ったことをやっているのか」という答えが返って来ます。本当不思議なんですが、「もしやタイムウェーバーさん怒ってます？」と思いたくなる様な返答です。（笑）前に出たものと同じことが、例えば前は79％の適合率だったのが、調整しているにもかかわらず80％とか、パーセンテージが以前よりも上がるだけでなく同じ様な答えばかりが、たくさん出て来て、それ以上進まなくなったりするんです。違うことを聞いても、なぜかその話に戻ってしまうということが結構あります。

――タイムウェーバーのエネルギー調整だけに頼って自分では何も実行しないから……。

**寺岡**　タイムウェーバーに依存して、自分では行動しない人に対してはタイムウェーバーはとてもきびしいです。成長の過程はステップ・バイ・ステップなので、自分の意識と行動が変わってこそ、次のレベルに行けるということだと思います。

――階段飛ばしができないんですね。

**寺岡**　ビジネスで「お父さんに謝れ」と出た人がいるんです。その人のビジネスはお父さんと関係のない仕事だったのですが、「お父さんとのエネルギーを解消しないと、あなたが望むビジネスの目的には到達しない」「父は全然関係ないんですけど。じゃ、今度会ったときにでも」と言われましたが、会うといったって、その人は地方出身なので、盆暮れ正月ぐらいしか帰れないわけです。

次にその人が来たときに、謝ったかを確認すると案の定まだということでした。そしたら、「父親とコミュニケーションをとれ」とまた出てくるんです。何回も出てくるので、しようがないからその人が電話したら、別に仲が悪かったわけではないんだけれども、その人の心の中に固まっていた石みたいなものが、お父さんに何か言われた瞬間に溶けていくような感じがしたんだそうです。「やっぱりやらなきゃいけなかったんですね」と言ってびっくりしていました。ほんとに不思議です。

――明確に「これをやりなさい」じゃなくて、コミュニケーションをとることによる結果がその人には必要だったということですね。

**寺岡**　わけがわからなくても、言われたことはやったほうがいいと思います。なぜなら、タイムウェーバーのアドバイスは、自分の思考を超えた量子フィールドで必要なことなので、理解しようとせずに結果を見て「ああ、そうだったんだ」と納得するしかないですから。素直な人に結果が出ますし、「やれ」と言われたことをやらない人はなかなか進まない感じがとてもあります。

## タイムウェーバーによる風水のアドバイス

――僕がセッションしている、「これからサロンをオープンする予定なんです」という方は、風水がめっちゃ出ていたんです。

**寺岡**　普通はビジネスに何の関係があるんだと思うかもしれませんが、風水が出る時はビジネスをする環境がまだ整っていないということです。

うちの会社はもともと風水を取り入れた設計をするデザイン事務所です。土地を探したり、図面を見て気の流れを整えたりといったエネルギー的な設計をしていました。最近、タイムウェーバーで引っ越しや、土地を見てほしいというご相談がよく来るんですが、今よりいい土地、いい建物に引っ越したいと思っても、ほとんどの場合「まずは今の家を整える」というアドバイスがとても多いです。

土地のエネルギーは色々な意味で人生に大きく影響します。今住んでいる場所は自分のエネルギーとマッチングしているから住んでいるのです。例えばそこに強いネガティブエネルギーがあるとか、前に住んでいた人が自殺していて、ひどい霊障に遭っているとかいっても、その場に共鳴しているのは自分のエネルギーです。自分のエネルギーを変えない限りは、次もまた同じようなエネルギーを持った場所に共鳴するだけです。いい土地に行こうと思ったら、今のエネルギーレベルから別のレベルのエネルギーにシフトしなきゃいけない。でないと、どうやってもそういうところを引き当てるんです。

土地も人間と同じでエネルギーに共鳴するだけなので、いい土地、悪い土地という問題ではなくて、全て自分のエネルギーの問題です。タイムウェーバーはエネルギーの共鳴を解除させるために「とにかく家を浄化しろ」「どこどこの窓から邪気が入ってきているから、そこをもっとオープンにして、掃除してきれいにしろ」「屋根裏にエネルギーが滞っているから、そこに◯◯を置け」、そういうことを淡々と行って、今住んでいる場所をどんどん浄化していくと、想像以上のいい物件がほんとにポンと舞い込んできたりします。

――今のセラピーサロンもそれで探されたんですよね。

**寺岡** そうなんです。私たちは最上階がよかったんだけれども、「最上階はダメだ。低層階のほうがいい」と言うんで、「ちぇっ」と思いながら4階にしました。(笑)でも確かに統計的にも、高層階に住んでいる人のメンタルトラブルは低層階よりも高いですし、高層階までは大地のエネルギーが届きにくい事や鉄骨を多用している為、エネルギーが枯渇しやすい事は以前から知っていました。4階はギリギリというところです。

タイムウェーバーはほんとによく知っているなと思うのは、良い部屋番号や階数場所が用途によって全部変わるんです。私は今の場所に移る前にセラピールームのための物件を色々探していて、今のビルを見つけましたが、新築物件だったので、どの階でも契約できたのですが、セラピーをするなら今の部屋がベストと出ました。でも、仮にその場所を事務所にするなら別の部屋が良いと出ました。場所には、いい悪いはないんです。用途及びその人のエネルギーとのマッチングです。

今でも家相を気にする人は多いと思いますが、家相自体が、昔の環境と昔の日本家屋の状態をベースに考えたものなので、それを現代の高層ビルやマンション、土地の状態に当てはめても、なかなか機能しない。今の環境、今の自分のエネルギーの中でのマッチングが大切だと思います。だから、北東の鬼門のところが常に悪いかといったら、そうでもないんです。家は、用途、どういう住み方をしたいか、誰と住むかということで選ぶのがいいと思います。

起業したばっかりの方は、自宅と会社を別にするのは経済的にも難しいかもしれませんが、余裕が出来たら、絶対分けたほうがいい。自宅とビジネスのエネルギーは全く違うので、2つの異なるエネルギーのバランスを取ることには限界があるんです。

ビジネスに合うエネルギーは荒くてパワーもあります。強くて荒いパワーの場所で眠るのは落ちつかない。「全然落ちつかない場所で寝てるでしょ」とよく出てきます。眠る場所は、落ちついた、ゆったりしたエネルギーが流れていないと、ちゃんと睡眠がとれません。会社と自宅は分けて、ちゃんとｏｎとｏｆｆの切り替えが出来る場づくりをしたほうがいいんです。寝室は特にそうです。ビジネスの成功には、睡眠の長さではなくて質の効果が絶大です。休まなきゃ、いい仕事はできません。自宅と会社を分ける事が結果的には、より効率の良いエネルギーの使い方が出来るので、ビジネスがうまくいくんです。

## 投資、資産運用のアドバイス

――投資、資産運用のアドバイスも……。

**寺岡**　私は、投資は生き物の様に、環境や人の意識のエネルギーが作用している所に興味があります。市場も、太陽のエネルギーが景気と連動する統計もあります。市場は環境や人の意識に少なからず影響を受けます。Ｘ級の太陽フレアが起こった時と市場の急激な変化が一致することも多く、とてもおもしろいです。彗星が来るときに買ってみたらどうなるんだろうとか、そういうことに興味があります。

――儲けようというより好奇心ですね。

**寺岡**　タイムウェーバー社のビズモデルの開発に当初から関わっていたのは、スーパーファンドというヘッジファンドの創設者の一人であるクリスチャン・ハルパーです。10年ぐらい前、税金のかからないオフショアでの資産運用とか、ヘッジファンド系に投資すれば10％だか20％というあり得ない利率で回るとか、そういうのがはやったころ、私もその仕組に興味があって、タイムウェーバーとは関係ないんですが、シンガポールの投資のセミナーに参加したことがありました。そのときにプレゼンテーターだったのがスーパーファンドのクリスチャンでした。

その人がタイムウェーバーにかかわっていることなど当時は知る由もなかったのですが、後でそれを聞いて、「スーパーファンドのストックデータのソフトを開発した同じ人が、タイムウェーバーＢｉｚを作ったなんて！」とびっくりしました。

実際の所は、彼がタイムウェーバーの開発に加わった理由は、ビジネスの成功は、数字ではなく崇高な智恵がバックグラウンドで、その個人や企業を守っているというタイムウェーバーの創設者マーカス・シュミークの理念に共感したからだと言っています。

投資に関係するデータベースも豊富ですので、そのデータベースを使って、常に数字を追うこともできると思います。

――おカネのことになると、私利私欲的な人が結構多そうですね。

**寺岡**　会社を分析していると、たまにこの会社は「違法行為をしている」とか「脱税してる」と出るんです。（笑）本人に言えなくて困っちゃう。

――「ビジネス」となると色んな人が集まってきちゃいますよね。

**寺岡**　私、あんまり大きな話をする人がいると「この人は本当に世の中を良くするの？」と聞いちゃうんです。そうすると、「五分五分」とか、「悪魔に魂を売っている」とか、出ます。（笑）

タイムウェーバーのルールとして、本人以外を了承なしに分析してはいけないことになっているので、頼まれても勝手に他人を見る事はしませんし、怪し気なお話は、お断りさせて頂いています。

色々なご相談を聞いていると、私も、知らないうちにエゴに走っていないか、自分のことをチェックしちゃうんですが、今のところ大丈夫そうです。

――「私は悪ですか」と聞くんですか。

**寺岡**　直接リストで「エゴ的なエネルギーが強いですか」とかそんな感じで。

――「ビジネス」は、おカネを稼ぐためだけにやっている人と、自分の意思や自分のやりたいことをしっかり形にしてやっている人と、二極化しますね。

**寺岡**　そうですね。自分のミッションに沿ってビジネスをしている人はすごく応援したくなります。私利私欲が優先の方でも、タイムウェーバーで調整をすることで、自分のミッションにいつか気づかれると思いますので、そのプロセスを大切にしたいと思っています。

# Part 9

# タイムウェーバーでチームや組織をまるごと分析

## 会社組織やスポーツチームのアドバイス

――人間関係の分析は、会社単位で見ることが多いですか。

**寺岡**　会社の人間関係は対象となる人に了承をとってから行います。個人的には夫婦関係、家族関係、親子関係、男女関係が相談としては多いです。

――それをどうやって調整するのですか？

**寺岡**　エネルギーの関係性でどっちが強いのかを見て、お互いの強弱のバランスをとるために分析します。夫婦関係はけっこう難しくてそんなに簡単にはうまくいきません。家族間の関係というのは、カルマも関わっていることが多く、それを解消するために一緒にいます。お互いに過去世で解決できなかった課題に、チャレンジしている人が多いので、なかなか時間がかかるんです。

――ゲノ・ウェーブを使うんですよね。うちでは使っていないな。

**寺岡**　せっかくあるので使って下さい！　例えば「良好な夫婦関係」にして、いつもどおりのフォーカスで「今すぐ2人の関係が最適なエネルギーに調整されます」と入れればいいんです。

――ワンちゃんとネコちゃんを入れたら、よくなったんですよね。

**寺岡**　そうです。家族間のエネルギー関係がなかなかうまく調整できない時に、ペットを加えると急にバランスがとれたんです。ペットの存在は素晴らしいですね。

――基本的には、組織で見ることはあまりなくて、プライベートなほうを見ることが多い感じなんですね。

**寺岡**　私はセラピストですからビジネスコンサルよりは、個人的なご相談のほうが多いですが、海外ではビジネスコンサルで、このゲノ・ウェーブをとても良く使っています。組織のエネルギー関係であれば、社長と、会社を入れます。例えばヒカルランドという会社を入れて、社長と社員や部署を入れて、そのエネルギー関係を見ていくと、ヒカルランドという会社のエネルギーとそこに所属している社員のエネルギーが合うか合わないかも見ることができるし、もちろん横のつながりも見ることができます。ざっくりと全体的に調和がとれているのか、会社の主導的立場にある人たちと、会社を中心に配置して、社員が同じ方向に向いているかどうかを見ることもできます。

――それは矢印で見るんですか。

**寺岡**　矢印の太さと色で適合率を表します（P116の図参照）。赤は早急に改善が必要、ブルーは慢性的に問題がある、グレーは良好。

野球チームとか、サッカーチームとか、私は行ったことはないのですが、そのうちやってみたいです。ちゃんとまとまったエネルギーになっているかがみられるので。ドイツのサッカーチームはゲノ・ウェーブで選手のポジションを決めていると聞いています。

——　勝率が上がるんですかね。

**寺岡**　この間、ベルリンのカンファレンスの時に、これを使っているチームがリーグでトップになったと報告していました。でも、敵のチームも導入したら、一緒なのかもしれないですね。（笑）

——　矢印の向きが赤になっている場合は、どんな調整をかけるんですか。

**寺岡**　神聖幾何学の形のシンボルによってエネルギーを調整するのが一番効果的な方法と言われていて、調整したい人に最適なシンボルを選びます。形のエネルギーがそんなに効果があるのかと不思議に思うかもしれませんが、砂や水などを特定の周波数で振動させると美しい幾何学パターンが現れる現象をサイマティクスと言います。形は周波数を放射しているので、置いたり持っているだけでも情報を送信するのと同じ効果があるんです。

例えば夫婦関係でシンボルを使って、調整をかけたことによって、奥さんがあんまりイライラと怒らなくなったという報告もありました。ただ、調整をかけて数値が下がることもあります。

数値が下がる現象はゲノ・ウェーブに限らず、他の調整の場合も起こります。その理由は送信された情報を受けとった本人に抵抗が起こる場合です。例えば昔浮気をした夫を許すための調整をタイムウェーバーで毎日送信しても、本人のマインドに「それだけはどうしても許せない」という強い抵抗があると、情報を受けとったことで顕在レベルでは気づいていない自分の内側にある「恨み」波動に気づくと、そんな自分を認めたくない場合、数値が下がります。そのときは別の角度から調整をかける作業が必要になります。また一回だけではなく何回かかけていくと、また数値が上がってくることも良くあるので、あきらめずに調整をかけ続けるほうが良いですね。

# Part 10

# 「タイムウェーバー」にしかできないこと

## 何でも好きな事を質問できる

――　タイムウェーバーの特徴として、こちらから質問ができるということがありますね。

**寺岡**　使い方は2つあります。

一つは、直接、自分が聞きたいことを疑問形ではなく現在形で聞いて1～10の数値でその可能性を見る方法です。

2つ目は、データベースを使って質問する方法です。例えば「フォーカステキスト」という質問やテーマを記入するところに「私が3年後に結婚するための最適なアドバイス」という文章を入れて、自分が気になる項目を手動でデータベースから選ぶこともできますし、全データから一番最適なアドバイスを自動選択で選ぶ方法もあります。

この2つの方法が基本的な使い方です。私が個人的によく使うデータベースに「Answer Matrix」と「what's happened」というのがあるのですが、これを使うと、今何が起こっていて、宇宙のマトリックスからどう対処すべきかのヒントが得られます。答えはとても抽象的なことも多いのですが「ハッ！」と気づくことがよくあります。

――基本的に自分が聞きたいことを聞いて、確認していくという感じですか。

**寺岡**　ダイレクトに聞いて数値を見るなら、「私は3年以内に結婚します」と聞くと、答えが5とか10とか返ってきますがその数値だけでなく、同時に、ポテンシーと呼ばれる英数字も表示されます。先に少し説明したように、ポテンシーとは、そのテーマの阻害要因がどの階層にあるのかを「物質」「メンタル」「精神」の3つに分類し、それに続く英数字の意味は具体的な原因を示しています。

例えば阻害しているのが「間違った行動パターンによるもの」か「間違った思考パターンによるもの」なのか、「間違ったライフスタイル」なのか「カルマ」なのか「両親の問題」なのか「先祖の問題」なのかが詳しくわかります。

これらを見ることで、そのテーマが12次元階層のどの領域のことを示していて、どこに原因があるのかがわかります。答えを聞くだけでは何も物事は変わらないので、テーマがある次元に対して原因を分析することで、その理由や阻害要因を深く掘り下げます。

調整をした後、再度ダイレクトに聞くと、数値が変わり、なおかつポテンシーも変わっていきます。それを何回か繰り返していきながら、より目的に合ったエネルギーに整えていくというのが基本的な調整方法です。


――質問するということは、ほかの機械ではできないんですね。


**寺岡**　私の知る限りでは、質問に対して答えがダイレクトに返ってくるものはないと思います。「一般的なエネルギー測定機の場合、どのデータベースを選ぶか」はセラピストの知識に依存します。クライアントに今、一番必要なデータを選択する時に経験があるセラピストなら、豊富な知識から来る直感で「絶対これだ」とわかるけれども、使い始めの人はわからないんです。

それに対して、タイムウェーバーは、自動で次元もデータも選ぶので英語がわからなくても、そして知識がなくてもそこそこ問題なくできます。また、チェックアップ機能があるので、調整がどれだけ進んでいるかもすぐその場で見ることができます。

実際の所、タイムウェーバーのユーザーの半数は英語が苦手な方です。

でも最近はＧｏｏｇｌｅ翻訳がかなり正確になって来ているので、わからない文章はその場でコピペすれば、簡単に日本語で見ることができるので、それほど困らずに済みます。私もGoogle翻訳はとっても良く使いますよ！（笑）

エネルギーレベルで調整できたら、これほど安上がりなことはないです。物質レベルに問題が出てしまうと、多額の治療費と時間がかかります。エネルギー医学の理論では、病気やその他の問題はまずボディー・フィールドと呼ばれる個人の設計図に歪みとして現れます。それが修復されずに放置されると、歪んだ設計図を参照して物質レベルは形成されるので、歪みやエラーがある場所と関係している臓器や組織の振動パターンに問題が生じます。エネルギーレベルでその歪みに気づいて情報を送ることで物質レベルにまで落とし込まれる前に調整をかける事が出来ます。

体に現れない限り、情報の修正や上書きが出来ているかがわからないかもしれませんが、エネルギーの存在は既にテクノロジーの進化で測定する事が可能です。たとえ感じることができなくてもあるわけです。そして、そこに情報の歪みが存在するなら、現実化する可能性もあるということです。それがわかっているなら、気づいた時に調整しておくと、別に何の害もないし、やらない手はないと思います。

ベルリンのカンファレンスの時に登壇していた、台湾の医師は、ほとんどがエネルギーレベルのハーモナイズで難病も解決している見知を、実際の臨床データをもとに発表しています。いくら見えなくても効果はあると思います。

## フォーカステキストと呼ばれる言葉による分析

――フォーカステキストと呼ばれる言葉による分析は、どういうところが特徴的なんでしょうか。

**寺岡** 言葉自体も分析できますが、言葉を入れて分析するということ自体は、他のシステムにもあります。しかし、前項でも触れましたが（P206参照）タイムウェーバーのように文章でアドバイスが返ってくるというのは、他にはない便利な機能だと思います。タイムウェーバーの分析の特徴は全ては目的ありきの分析です。

例えば物理的な健康は健康診断で数値化され健康か不健康か診断されます。しかし血液検査で、健康と診断されても、実際にとても調子が悪いということがあります。普通には何とか生活できるけど何かおかしい。そうしたときに、物理的な検査では測定し切れない部分をタイムウェーバーで「私の最近のだるさの原因は?」のような抽象的な質問をする事が出来ます。

また、目的に応じた健康度という考え方があります。健康と一言で言っても、その人が何のために健康になりたいかによって必要な健康度も変わります。

例えば経営者やそれを目指す人に私はよく「普通の人よりも健康じゃないと、経営者にはなれない」と言います。9時から5時まで言われたとおりのことをこなすなら、今の健康度でも良いけど、経営者はそうはいきません。

夜中まで必死でやらなきゃいけないこともあれば、一日で遠距離の移動も多い、部下とのコミュニケーションの時間も必要なのでとにかく忙しいわけです。心的ストレスも人並以上にかかります。ですから、普通の人の健康度では仕事のパフォーマンスが維持出来ないので、経営者に相応する健康度に上げる必要があります。

もっと言うと、金メダルを目指しているオリンピック選手が、普通のアスリートと同じレベルの体力や筋骨格のレベルだと、到底金メダルはとれません。その場合、フォーカステキストとしての「問い」を入れない、つまり何もフォーカスをせずに臓器のバランスを見たら、「バランス状態」として、その人の今の身体レベルのエネルギー状態が出るだけです。でも、次に「私は一年以内に金メダルをとります」と入れたら、突然いろいろな臓器が反応し始めて、「この臓器エネルギーが弱過ぎて金メダルなんか到底ムリです」という形で出てきます。目的に応じた「問い」があって、「それが目的だったら、今のパフォーマンスでは達成は到底無理だよ」という返答が出来るのはタイムウェーバーならではと思います。

――健康状態としては、内臓はエネルギー的に全く問題ないけれども、上のレベルの金メダルと言ったときには、「あなたの臓器のエネルギーレベルでは足りないですよ」。

**寺岡**　そう。「もっと筋力を上げなきゃいけないよ」とか。

私がそれに気づいたのは、実は最近なんです。

私たちは、「二年以内に新しいセラピールームを持つ」という目標を立てて、それを実現するにはどうしたらいいか、を私がプロジェクト・リーダーというポジションでタイムウェーバーに聞きました。

実際の所、私はほぼ休みなく働いています。月に一度も休まないことも多いし海外とのやりとりをしなきゃいけないから、時差のため夜も海外と電話したりメールしたりして仕事をしています。好きで働いているので不満はないのですが、平均睡眠時間は4時間ぐらいなので、いつタイムウェーバーに聞いても、「もっと休まないといけない」「一カ月ぐらい休みをとって、どこかでリラックスしろ」とか、とにかく最初から「休め、寝ろ」の連続でした。

でも、「新店舗を出すためには何をしたら良いか」と聞いたら、初めて「それをするためには、あなたは寝てはいけない」と出たんです。「もっと休め」と出るのかなと思っていたので、「あれ、どういうこと？　いつも休め休めと言うくせに」と思ったんですが、一年以内に第1店舗を出すためには、寝ずにやらない限りは間に合わない。裏を返せば、寝ないでやるのは不可能なので、出店時期を延ばしなさい。それにはもっと準備が必要ということが言いたいわけです。「そういう答え方をするんだ」と納得しました。

多分ほかの「問い」でも同じです。今は健康でも、何か自分のキャパを超えたことをやろうとしたら、想像を超えた回答ではありますが、納得できるアドバイスが返ってくる。そういう意味で、目的をもって質問することで、健康度、パフォーマンスはその都度変わるということですね。

――目的に対して、そのときのレベルに合わせて回答してくれる。

**寺岡**　そうです。それがマーカスの意図でもあると私は理解していて、彼のコンセプトは、「目的意識をもって、人生の全ての瞬間に意味を感じその意義を味わうこと」ですので、その目的を達成するには、その人のレベルが低かったら、もっとレベルを上げるために、「もっと働けるはず」とか、「遊び過ぎ。もっと集中しろ」とか、出ます。

――僕は、テストで「私はおカネ持ちになれますか」と聞いたら、「のん気なことをやめなさい」と出ました。（笑）

## データベースをカスタマイズできる

――データベースをカスタマイズできるというのは、データベースに自分でどんどん追加していけるということですよね。

**寺岡**　開発側でもないのに自分でデータを追加してそれで調整もかけられる機能は、

セラピストにとっては夢のようです。そして日本語でカスタマイズできる。これはすごい利点です。

この手の機械は外国製が多いから、食品のデータでは海外の食べ物はたくさん入っていますが日本にない食材もたくさん出て来ます。でも、日本の食材や日本ならではの調味料もデータベースにユーザーが自由に追加できます。投資とか運用なら、日経225や自分の気になるファンドを自分で追加できます。

医師であれば自分の専門分野、例えば消化器科とか、耳鼻科とか、その分野特有の薬や独自で開発した薬や漢方、サプリメント等を入れておくと、患者さんにエネルギー的に共鳴するものを選ぶことができます。

―― 多少はカスタマイズ出来るものもあるかもしれませんが、データベース化するというのは……。

**寺岡** データベースになるというのは、汎用性があって他のユーザーともシェアできるのが利点です。

―― 寺岡さんがご自身でつくったデータベースで、一番よく使われるものは何ですか。

**寺岡**　うちで扱っている商品をデータベースに追加しています。例えばレメディの情報やジェム・ストーン（宝石療法で使用する）を入れて必要に応じてクライアントさんとのマッチングを調べます。あとこれはヒカルランドさんにもおすすめですが、いろいろな機器やグッズを扱っていらっしゃるので、それらのデータを入れて「この人のこの問題に対して、今どの機器やグッズを使うのが一番マッチするか？」ということを分析すると、すごく喜ばれます。

――　そこにタイムウェーバー自体もデータベースに入れていたら、自分で「タイムウェーバーが合うよ」と言うかもしれませんね。

**寺岡**　言います、言います。（笑）面白いことにデータベースには「タイムウェーバーセラピーをする」というデータが入っていて。いろいろチェックしていたら、「あなたは今、そんなことよりもタイムウェーバーを集中的にやったほうがいい」とか出るんですよ。意図的ではもちろんないんですけどね。（笑）それとは逆に、「あなたは、今タイムウェーバーに依存しすぎてるから、自立しなさい」とも言われる。（笑）

――　ビジネスで、自分のところの強みのデータベースをつくって、それをお客様に提供するというのは、すごく効率がいいですね。

**寺岡** そう思います。データベースはイマジネーション次第でほんとにいろいろな使い方ができます。あるユーザーのTさんは全国の都道府県を入れて、神社はどこがいいとか、イベントを開催するのに、どこの場所が一番売り上げが上がるかということもされています。

――タイムウェーバーで調べた場所は、電位治療器の売り上げがすごくよかったとTさんは言っていました。

## 接触せずに測定と調整をする

――全く接触せずに測定と調整ができて、必要なのは写真だけというのは、写真も何か必要ないみたいな。

**寺岡** 写真なしというのは、高度な能力が必要ですが、マーカスの理論編の小冊子「科学におけるラジオニクスと医学」の中には記述されていて、セラピストの意識がしっかりとフィールドとつながっているなら大丈夫です。しかし、全く面識のない方だったら、やっぱり写真は必要ですし、クライアントさんのエネルギーパターンも出来るだけとった方が良いです。

――メタトロンでもヘッドセットをつけたり、指でやったり、結構いろいろあります。接触しないで測定できるものはほかにないですよね。

**寺岡**　そうでもありません。私が昔使っていた波動測定器は本人の写真をプレートの上に置いて測定していました。ただ、本人がいないと、ちょっと熟練が要るかなと思います。また、写真以外でも髪やだ液でも測定なデバイスはいくつかあります。

## 未来予測ができる

――未来予測ができるというのは、12次元構造で、6次元より上の次元を扱えるからですか。

**寺岡**　そうです。量子プロセスを記憶するＬＱＲという装置で、６次元以上の領域であるＧＩＦ（グローバル・インフォメーション・フィールド）にアクセスすることでリニアな時間としての、過去から未来への時間の流れではなくて、コンティウム※と呼ばれる時空連続体としての過去・現在・未来が同時に存在し進行している領域を測定できます。

※ コンティウム──時空連続体とは時間と空間を時系列ではなく4次元多様体として見る考え方。アインシュタインの一般相対性理論の概念。

未来と言っていますが、GIFのフィールドにアクセスしているので、そこでは今しか存在しておらず、質問に対する現象（現実化の密度）がその時空の中でどれぐらい固定化されているのか、その可能性を出すことができるわけです。

私たちは時間軸に縛られているので、過去とか未来という時系列でどうしても考えがちですが、量子場では、全てが同時に存在していますので、そこに情報を投げかけた時に共鳴する出来事が、3次元的には未来や過去と言っているだけの話で、全てはGIFに包含されています。

量子場の特性として、何かを意図した瞬間に前の場は崩壊します。崩壊して新しい時空ができて、そこに現在、過去、未来が包含されるし、また意図すればそれが崩壊して、というふうに、崩壊と再生を繰り返しています。だから、未来予測は難しい。基本的には当たらないんです。

その人がそれを意図した時は、その延長線上の未来だけれども、ほかの人がそこに関与してきたら、瞬間に別の未来に変わります。よっぽど固定化された未来じゃない限りは、未来予測はなかなか難しいです。

じゃ、何でタイムウェーバーで未来予測ができるのか。

今、私たちは時間軸に生きているので、自分が目的とする未来をより固定化された状態に持っていきたければ、そこに意識を投入しないといけない。フワフワと固定化されていないたくさんの未来がある中で、何も考えずに淡々と日々を過ごしていたとしたら、今日の延長線上の明日が現実化する可能性が高いわけですが、量子場に、何年か後にこれをしたいという自分の意図を伝えると、フワフワしたものが一旦崩壊して、その意図に沿った未来が幾通りもできる。そこを意識するか、しないかで望む未来も180度変わるんです。

それを文言にすることによって、今の可能性は低かったとしても、その瞬間に未来は変わっていく。何回も何回もその情報に共鳴させる事で自分の意識にも共鳴が起き、どんどん固定化させていく力がUPするので、自分の希望に沿った未来に向かいます。それができるのがタイムウェーバーだと思います。さきほども言いましたがマーカスは「目的意識」をもつことと、今を味わうことが、望む未来を創造すると言っています。

――例えば石井社長の「3年後にヒカルランドを10倍規模にします」でいろいろバーッと出てきます。そこにFutureとか、Pastとか、Presentと出てくるんですが、それは各々の時間軸に対して必要なエネルギーとか課題ということになるんですか。

**寺岡** それは「ディメンション」という「次元」を設定する機能のことですね。

例えば石井社長のように「3年後に10倍の規模の会社になります」とフォーカスに入れて出て来た結果が例えば20項目あって、それぞれの項目に「ディメンション」を表示する設定にするとその分析結果のそれぞれの項目に対して、その問題が過去のことか、今現在起こっているのか、将来起こるのかを特定できます。

また、ディメンションの設定は自分で好きに追加できるので、出て来た結果に対する補足説明として使うことで応用が可能ですので、一種ポテンシー的な使い方ができる機能です。

例えばその答えが「父との和解が必要です」（Ｐａｓｔ）と出たとしたら、この父との問題は過去の出来事だったと見れます。又「人材の補充」（Ｐｒｅｓｅｎｔ）と出たら現在、人材の補充が必要だとなるし「資金不足」（Ｆｕｔｕｒｅ）と出たら将来的に資金不足になると読めるわけです。

未来についてのご相談で多いのは結婚です。「いつ結婚できますか」と聞いて、「10年後」と出たら、そんな先では困るので、どうやったらもっと早く結婚できるのかを探りますよね。だとしたら次に聞くのは、早く結婚するために解除しなきゃいけない過去の阻害要因、例えば男性不信や過去の父との関係性を調整することで、未来が変更されるわけです。

タイムラインというアプリを使って、今言ったように過去のトラウマを探ることもできるし、「引っ越しする日はいつがいいか」にも使えるし、「新しい商品をいつ発売したらいいのか」にも使えます。「未来」についてはビジネスで使うことが多いです。過去に関しては、個人的な問題や人間関係で使うことが多いんですが、会社も過去のトラウマみたいなものがあるので、個人的な場合も、会社的なものも、過去のトラウマ解放は重要です。売り上げアップに経営者の個人的な過去のトラウマが出てきたら、会社というよりは個人的な体験が会社の売り上げに影響しますから、それを外さなきゃいけない。そういうことはよくあります。

## 過去のトラウマの日にちなどを具体的に特定

——この間セッションした人は、課題のフォーカスは忘れましたが、「バーストラウマ」と出てきて、タイムラインで見たら、ほんとに生まれる前のところにトラウマがありました。解釈が難しかったんですが、おなかの中にいるときにお父さんから冷たくされたような感じです。

**寺岡** 多分お父さんがお母さんに冷たくして、お母さんと赤ちゃんは同じエネルギーを共有しちゃうからだと思います。おなかの中にいるときは、お母さんの感情がほぼダイレクトに赤ちゃんに影響します。母親のストレスによる障害も実はけっこうあるのではないかと思っています。

受精してから神経、血液ができて、心臓ができてというふうに順番に発達段階をたどります。例えば心臓が形成される3～6週目にお母さんに大きな精神的なショックがあったなら、そのショックのエネルギーが心臓の形成に何らかのダメージを与えている事が結果として分析される事がありました。妊婦は平穏に静かに生活させてあげないといけないと思います。

――過去のトラウマの日にちの特定がドンピシャだからすごいです。前回お話しした、一カ月健診のときにお母さんに盲腸が見つかって、入院したお母さんと離れ離れになって、それがトラウマになったというのも、日付がドンピシャでした。

**寺岡** すごいですよね。日付が一致したことは何回かありました。

――そういうことがちゃんと残っているんですね。

**寺岡** 量子場の記憶に「適当」はないようです。私たちには見えないし憶えていないのですが、それが起こった時の、かかわった人、状況、香り、そこに何があったか、全てが映画のように保存されていて、それが全部動画情報として存在しているようです。

――記憶にないことの日にちまで当てちゃうぐらいですからね。

**寺岡** その辺は確かに機械のほうが優れていますね。私たちはとても曖昧かつ都合よく記憶をすり変えている。（笑）量子場の情報は主観がないので正確です。

# Part 11

# タイムウェーバーでしてはいけないこと

## タイムウェーバーで、してはいけないこと

**〈他人を陥れることやエゴの実現（したくてもできない）〉**

――他人を陥れることやエゴの実現はしたくてもできないというのは、開発の段階でそうなっているのか、それとも量子場の世界がそうなっているんでしょうか。

**寺岡**　ラジオニクスというシステムがそうなっているそうです。その理由は、「科学におけるラジオニクスと医学」の「マインドの復興」の部分に書かれているので、ぜひ頑張って読んでほしいです。（笑）

少し難しいですが人間の意識は、環境に流出して、それを自分が知覚することで認識し、それにより環境が確定する。そして、意識の流出としての「流れ」は行動している人の意識に関係しますが、自意識やエゴからは独立しており、自由度も持っていると書かれています。

でも、この現実世界は、自分一人だけではなくて、周りにもたくさん人がいるので、周りの人の意識と共に、今の日本のこの現実が存在している。この世界は自分一人が

つくったわけではなくて共同作業でつくられている。

ラジオニクスの使用者は、ある種の意識を意図的にラジオニクス・システムに流出しますが、先ほどのプロセスによりシステムに反映された意識はユーザーのエゴと自意識からは切り離されるので、エゴはシステムのアクションに影響しないとも書かれています。

――例えば「年収一億円になります」と言ったときと、「年収一億円になって私は幸せです」とは、答えは全然違ってくる。「一億円あるけど不幸せだ」もあるわけですね。

**寺岡**　そうです。タイムウェーバーで「問い」を出す時、一番大切な要素は「それを手にしてどうしたいか？」。そこが目的なので、一億円を手に入れることは目的になりにくい。

例えば、とある石油関係の会社が上場するという情報があって、「その株価が上がるのか。投資していいのか」を聞くと、「確かにこの会社は上場したら一時的に上がるだろう。でも、あなたがその株を買っても幸せにはなれない」と出るんです。儲けたお金が人を不幸にするのであれば、「お金は儲かるけど、幸せではない。どっちがいい？」みたいな、そんなことも返ってくるんです。

つまり、お金は何かをするための手段であって目的ではありません。タイムウェーバーは世の為、人の為の目的に対しては強くサポートする傾向があります。(笑)

機械がまるで意識を持っているようですが、そうではなくて、ユング[※1]が言う集合的無意識のフィールドにもアクセスしているので、皆が無意識下で望んでいることを目的にすると共鳴が一気に起こるので実現しやすい。それが流行というものだと思います。例えば、アップルのスマートフォンが世界市場を独占したのは、スティーブ・ジョブズ[※2]が一兆円儲けたいからスマホを開発したわけではないのと同じです。お金はただのツールであり、エネルギー交換の結果です。

※1　カール・グスタフ・ユング——スイスの精神科医、心理学者、ユング心理学の創始者。人間の無意識の根底には集合的無意という人類共通のイメージが存在し、その力動を「元型」と呼んだ。物理学者のウォルフガング・パウリと共に共時性（シンクロニシティ）に関する共著がある。タイムウェーバー理論は、このユングとパウリの理論の影響が強く反映されている。

※2　スティーブ・ジョブズ――米アップル社の共同創立者の一人。スマートフォン「iPhone」の開発者。

遊び半分で、何でその金額が必要なのかも考えずに「一億円」と入れて、調整をかけたとしたら、タイムウェーバーは確実にそれをするための流れに変えるので、そのための色々なチャレンジが現実レベルで起こります。ですから脅すわけではありませんが、調整する前にクライアントさんには「調整をかけたら色々起こりますが、覚悟はいいですか？」と確認してから情報を送ります。（笑）

「彼氏が欲しいです」というクライアントさんがいて、調整をしたら2週間ぐらいで彼氏ができたんだけれども、結局、その彼氏はその方の今までのパターンを丸々映したような男性だったんです。彼氏ができても、彼女は少しも幸せにならないし、かえって自分のイヤなパターンを見せられる。

タイムウェーバーは多分それもわかって見させようとしたのかもしれません。「あなた、いつもこのパターンで、彼氏ができても別れるよね。どう思う？　もう一回やりたい？」って。結局は本人のパターンが変わらない限り、何も変わらないんです。

ですので、ただ彼氏が欲しいではなく「私は今までの男性に関する全てのネガティブパターンを解放して、私に最適な男性に出会います」というような「問い」が良いのかなあと思います。

――エゴという場合、他人を陥れるということはあんまりなくて、どうしてもおカネとか仕事のことになると思うんですが。

**寺岡** エゴ系のご質問はほとんどおカネのことです。他人を陥れるなんて、そんなことはなかなか人には言えませんしね。(笑)

私のクライアントさんで、クルマの事故に遭った方がいたんです。普通に運転していたのにいきなり横から突っ込まれて、前方不注意か何かで、何もしていないその人が100%払わなきゃいけないような状況になったんです。相手の方がたまたま高級車に乗っていて、約200万の高額な修理費を請求されました。「何でこんなことになったのか理由を知りたい」というご相談がありました。

話を聞いていたら、確かに常識的に考えるとどう考えても相手が勝手に突っ込んできたのでこちらは被害者です。ところが「あんたがそこにいたから悪い」と一方的な言い分で、普通の会話が成立しない方でした。「話にならないから、直接話をせずに、保険会社同士でやったほうがいい」という事になり、保険会社同士になったんだけれども、その相手がそんなタイプだから、保険屋さんでさえ話が進まない。とにかく一方的に「悪いのは相手なので200万払え。絶対引かないぞ」みたいに言われて、どうにも困ったことになりました。

それでタイムウェーバーに聞いたところ、「この方は、相手は誰でもよかった。とにかくムシャクシャしていた。その原因はその人のご主人との不仲。常に旦那さんに対して不満があって、その鬱憤のはけ口がこの事故の原因で、あなたの車に当たることで鬱憤を晴らそうとした。だから、話し合ってもムダ」だと。なぜ相手が彼女なのかと原因を調べたら、ぶつけられたクライアントさんとぶつけた相手との間に、何か解消しないといけないエネルギーがありました。

そのクライアントさんは、もう一件、やはりおカネ絡みの問題がありました。同じような問題が2件連続で現実に起こるのに偶然はないので、原因を探っていきました。もう一件のほうは完全にカルマで、調べてみると前世で相手の人を殺していきました。このカルマを解消するためにとにかく調整をかけていきました。保険屋さんからは、「これは弁護士さんを入れてどんなに頑張っても2対8で払わなきゃいけない。ちょっとでも払ってもらえたらいいんだけど、今の状態だと訴訟でもしない限り多分ムリだから、早く片づけたかったら100%を覚悟してほしい」と言われたのに、結局、途中で相手の方が急に変わっちゃったんです。なぜかはわかりませんが、急に人柄が変わったかのように「もう9対1でいいや」となって、クライアントさんは1しか払わずに済んだんです。

エネルギーが解放されるっていうのは、こういうことかって体感した例でした。

――生まれた時点で解脱できていないわけですから、カルマ解消がそれだけ必要だということですね。

**寺岡**　みんなそういうことを持って転生して来ている。常に魂の向上のために、肉体を持って体験する。そして気づいて手放していく。それが肉体を持つということで、肉体があるというのは面倒くさいことなんですよね。

――人間が一番つらいと言いますね。

**寺岡**　ほんとに。すぐ欲に支配されて苦しむ。でもそこが面白い。

**〈了承なしの他人の分析や調整〉**

**寺岡**　了承なしの他人の分析や調整というのは、たとえ親子でも倫理的に勝手に分析や調整はかけてはいけません。必ず相手の了承を取るのがエチケットです。

――結局、勝手にしても調整は効かないですよね。

**寺岡**　効かないかどうかはわからないです。それをしたいと思えば、これも要はエネルギーだから、エネルギー的に相手が了承したら多分できるかなと思いますけど。

――言葉がわからない人にはそうやって聞いて、オーケーだったらできちゃうわけですものね。

**寺岡**　ただ、倫理的な問題ですよね。

**〈ネガティブな言葉による問いかけ〉**

――ネガティブな言葉による問いかけは、現実レベルの……。

**寺岡**　タイムウェーバーで直接質問をする場合、2つの方法があります。一つは今現在の状態を知りたい時、二つ目は自分の叶えたい未来について聞きたい時です。ネガティブな質問は必ず「現在の状態」のほうに入力します。例えば「今現在、夫が自分にウソをついているか知りたい」としたら「現在の状態」のほうに入力します。もし、この同じ質問を二つ目の「叶えたい未来」のほうに入力してしまったら「夫がウソをつくことを望んでいる」ことになるので間違えたら大変です。仮にそう聞いて、「夫はウソをついている」と出てしまったら、「叶えたい未来」のほうには「私の夫は今すぐ私に真実を話してくれます」と文章を書きかえて数値のスケールをとった後、「真実を話してくれる」ための分析と調整プロトコルを作成します。

――「私はうつ病です」だったら、そっちに進んでいっちゃう。タイムウェーバーがサポートしてくれる。（笑）

**寺岡**　「よくわからないけど、そうなりたいのか？　何か理由があるのかな」みたいになっちゃいますよね。（笑）機械だから。

――そこは酌み取ってはくれないですものね。

## 〈問題や病気などにフォーカスし過ぎること〉

**寺岡**　問題や病気などにフォーカスし過ぎないというのも、ネガティブな言葉による問いかけをしないというのと同じ理由です。ネガティブなものにフォーカスし過ぎること自体が、そこにエネルギーを注ぐことになるんです。

エネルギーの世界は常に変化し続けています。ですので自分も望む未来の為にエネルギーを変化させるほうがずっと良い。今ある現実は現実で置いておくけれども、それをどうシフトさせるかのほうにフォーカスしないと、現実を変える事は難しいです。

――確かにタイムウェーバーの使い方としては、原因をどんどん探っていくというよりも、それをよくするほうが正しい。クライアントさんは、「何でなんですか」と言う人が結構多いですけどね。

**寺岡**　これも先ほどのお金の例と同じです。病気を治すことが最終目的ではないのです。

「病気が治ってどうしたいか？」、ここが大切です。ほとんどのクライアントは病気を治すことが人生の目的になってしまっています。そしてセラピスト側も気づいたら病気治しが目的になっています。

私は、病気を物理的に治したいなら既存の医療で良いと思っています。エネルギーセラピストの役割はクライアントさんに病気が治ったその先にある未来をどう創造するのかにフォーカスする事です。それにはまずセラピスト自身が病気に対する意識改革をする必要がある。セラピストが病気を問題ととらえるのではなく、本来の自分に気づくメッセージとしてとらえて、「問い」を出すことで、クライアントも意識が病気からメッセージに気づくことにシフトし、気づくと本来の自分に戻ろうとするから自分自身の力で病気が治るのです。セラピストに依存せず、クライアント自身が気づくことで、自己治癒力が目覚めただけなので、全てのクライアントは「自分で病気を治すことができる」ことに目覚めてほしいと思います。

Part

# 12

# タイムウェーバーはどんな人に向いているのか？

## 医療関係者

——医療関係者は、「タイムウェーバー・メッド」のアプリがあるからですよね。

**寺岡** タイムウェーバーはこれまでにお話ししたように健康のこと以外に「マインド」「スピリット」「環境」がわかりますので統合医療の治療家の利用が8割です。メッドを使用すると短時間で栄養や毒素、微生物や生理機能とエネルギーとの関連性が数秒で表示されます。

——「お薬じゃなくて、エネルギー情報、処方しておきますね」みたいな。

**寺岡** 医師であれば薬も処方するけれども、メンタルや環境的要因を調べて情報を送信する。それは彼らにとっては情報という薬なので、ドイツでは一回の送信に対してチャージしています。

タイムウェーバー・メッドは、ホメオパス、鍼灸師、ボディ・ワーカー、研究者、心理カウンセラー、栄養士、看護士など様々な専門家が使っています。

どんな人が使いこなせるかというと、知識があるなしよりも、想像力や素直さがあり、新しいことに柔軟な人が多いように感じます。データベースは65万あるので、その全てを憶えている人はまずいません。加えて、そのデータの中身の一部は日本人にとっては理解できない西洋文化やインド宗教、例えば「キリスト教の言葉」や「占星術」「ヴェーダ科学」「サンスクリット語のマントラ」などが含まれています。

ではどうやって膨大なデータを使いこなせるかというと、想像力と既存の常識にとらわれない頭の柔軟さを常に持つことだと思います。データベースに偏見をもたずに自分なりの解釈や使い方を見つける人は、どんどん成長しています。

## 心理カウンセラー

――心理カウンセラーは、メンタルを見るのがすぐれているからですか。

**寺岡**　そうですね。メンタルレベル、スピリチュアルレベルの分析はもちろんの事、慢性的なメンタルの問題を持っている人の原因の一つに、他人のエネルギーが共鳴していることもあるので、物理的な方法に限界を感じているカウンセラーにとっては、役立つデータがたくさんあります。エネルギーの浄化がいろいろな角度から可能なので、海外でもサイコソマティック（体の症状がそのプロセスにおいての精神的にも原因として関与しているという心理学）系、ハンズオンヒーリング系、心理カウンセラー系の方々には使いやすい機械だと思います。

心理カウンセラーの方はカウンセリングプラス、タイムウェーバーを使うと過去の出来事にアクセスして原因を特定できるので役に立つと思います。また、データベースのセットとして、ホメオパシーのレメディやフラワーエッセンスとか、バッチフラワーやオーラ・ソーマといったメンタル面と関係の深いデータベースがたくさん入っています。情報送信することでメンタルバランスが最適化されるなら、心理カウンセラーにとっては、時間が劇的に短縮されるという意味でも役立つと思います。

――うつの人に対する場合、カウンセリングをする人が自分をその人のレベルまで落としてから引き上げないと治らない。よくミイラ取りがミイラになると聞いたことがあります。

**寺岡**　意識を同化しないと、患者を理解できないということがあるので、カウンセラーもエネルギーが落ちて、場合によると患者さんと同じ様な症状が表れたりするそうです。精神科の医師も、病んでしまう方が多いと聞いています。その点、機械を介すと、自分がクライアントと同化せずにすむので健康的でいられます。

――自閉症の子供さんがタイムウェーバーを通して言葉を伝えてくれるとか、そういう使い方もできる。メンタル、スピリチュアル的なところが使えるというのは相当心強いですね

**寺岡**　自閉症で言葉が出ないお子さんとか、ひきこもりのお子さんをお持ちの方にはすごくいいです。

私は、お子さんを含めて、ひきこもりとか、出たくても出られない方へのセッションもします。昨日もたまたま、外に出られないという男性の遠隔セッションをしました。

その方はとにかく人と接触することがとてもつらい。仕事には何とか行っているけれども、それ以外のプライベートの接触とか、電車の中では死にたくなっちゃう。そして、女性に対するトラウマが強く、女性同士がおしゃべりしていると、怒りが込み上げてきて、どうにも我慢ができない。ほんとに刺したくなってしまう。「僕、自分ではもう制止できないんじゃないか」というぐらい病んでしまっているんです。

調べてみると、カルマ的なものしか出てきませんでした。最初に出てきたのは、「黒魔術を過去に駆使し過ぎて、たくさんの人がそれによって犠牲になっている」でした。

だから、今生はこのカルマを解消しないといけない。彼の複雑な所は、前世では黒魔術で、DNAレベル、先祖レベルでは「代々女性を虐待してきた家系だ」と出てきた所です。

今、女性に対して腹が立ってしようがないというのは、どうもDNAレベルのところから来ている。自分の家系の先祖が女性蔑視のエネルギーを蓄積したまま解消されずに子孫である彼に継承されているので、これを解放する必要があります。でないと、理由もなく女性を敵視し続けてしまうわけです。

また、人を寄せつけないのは、「人と接触すると、また同じことをしてしまうという恐怖が無意識レベルにある」と出ました。彼が今後どうなっていくかはわかりませんが、その2つについては、なるほどなと思いました。

引きこもりのもう一つの例です。18歳ぐらいの女性の母親からの相談で小学校までは明るかったのが、中学に入って急に学校に行けなくなった。その後、家庭内暴力や暴言がひどくなる一方で困っているとのことでした。

少し分析してみると、その娘さん自身はピュアな感じで、変なエネルギーが憑いているとかいうことも全くありませんでした。

でも、小学校のとき、親は思いあたらないと言っていますが、お友達関係か何かでしょうか、すごく孤立してしまったみたいなんです。それと、お母さんには多分言えないだろうなと思いますが、もう一つちょっと悲劇的な男性関係が出てきたんです。もしかしたらレイプなのか、それは現時点では聞けていませんが、過度の潔癖症になっているので、男性と何かあったと私は想像しています。

彼女のような子は病院にも行けません。暴れちゃったりするから、病院に行けば拘束されてしまう。このようなケースでは、タイムウェーバーはとても助けになるんじゃないかと思います。

――早く心理カウンセラーの方たちに持ってもらいたいです。

## ボディーワーカー

――ボディーワーカーは、整体とか、トレーナーさんとか、そういう方ですか。

**寺岡**　そうです。すでにボディーワーカーさんは日本でも何人かユーザーがいます。ボディーワーカーには、ガッツリ肉体系の方、クラニオセイクラルみたいに意識レベルまで扱う方、筋膜リリースなども意識の調整をしますので、いろいろなタイプの人がいますが、意識に働きかけようとするボディーワークをやっている方には、タイムウェーバーは向いています。

自分の施術だけではなくて、自分の施術で届かないところに関して見ることができます。もちろん脊柱の情報とか、筋骨格の情報とか、エネルギーレベルの情報も全部細かく出ます。どの部位に向かって情報を送信したら良いか、自分の見立てと機械との違いも比較できます。14の経絡の状態も一瞬で表示することができます。そういう意味では、エネルギーの見立てには時間短縮になります。

それと、オーラ・フォトグラフィーというアプリを使うと（P94の写真を参照）チ

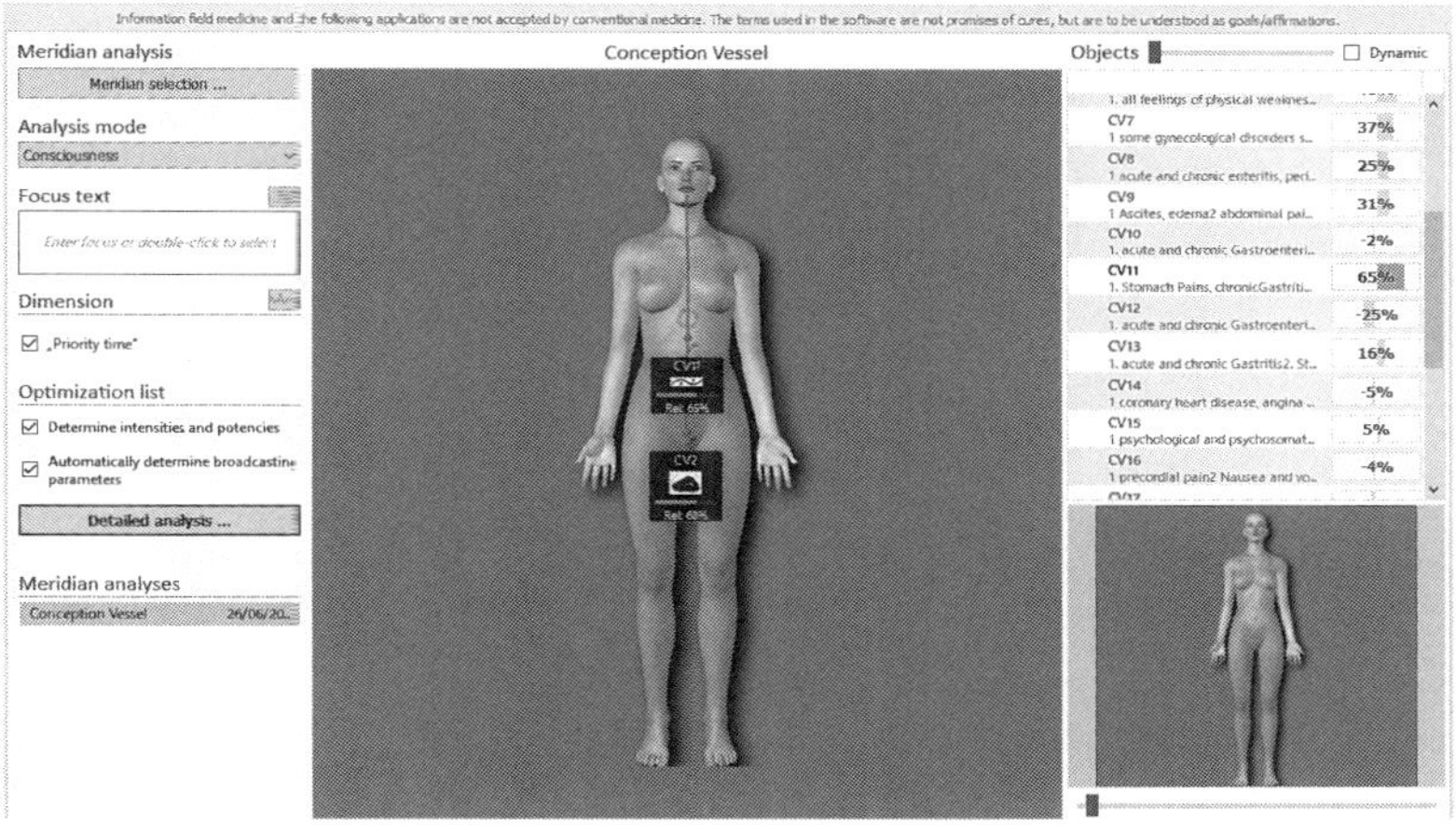

メリディアン

ャクラのバランスや、今現在のエネルギー総量が計れるので、私はいつも自分自身にもエネルギーが十分にあるかをこのアプリでチェックしています。また、録画機能があるのでヒーリングしているときに録画すると、エネルギーの状態が刻々と変化しているところを確認しながら、どこにどう効いているのか、ヒーリング前後のチャクラバランスを簡単に見ることができます。自分の施術がどの様にエネルギーに影響しているかをボディーワーカーなら確認したいと思いますが、このアプリを使えばすぐチェックすることができます。

――試せるというところはいいですね。

自分の施術の質が上がる。

**寺岡**　自分の施術がエネルギー的にどの様な影響があったかを、客観的に見られます。メリディアン（P２４５を参照）という経絡の状態を分析するアプリを使えば、14の経絡と経穴（ツボ）の滞りをチェックできます。鍼灸師の方が使うのはもちろんですが、気の流れを整えることは6次元以下のエネルギーレベルでは必須です。

経絡のツボを刺激するポイントに対して整調のエネルギーを送ると、敏感な人は「そこの場所がピンポイントでジリジリする」と言いますからね。クライアントはみんな、私よりもずっと敏感です。（笑）

――　僕はもともとスポーツトレーナーだったんですが、西洋医学だけでは行きづまりがあります。そうすると、みんな東洋医学の勉強を始めます。

**寺岡**　海外でもそうです。

――　結局、心理的なことや、経絡とか、気の流れとか、そういうことになるので、そこが可視化できるのはめちゃくちゃいいと思います。

## 経営コンサルタント

――寺岡さんのところのホームページを見たら、経営コンサルタントと……。

**寺岡**　一時、経営コンサルタントの人とコラボして、経営コンサルのセミナーを何回かやったことがあるんです。ちゃんとしたプロトコルをつくろうねという話はあったのですが、今は個々の会社のニーズに合わせたデータベースのセットを作るプロジェクトが進行中です。

通常の経営コンサルタントが型どおりの指導をしても、会社はそれぞれの個性があります。

なかなか型どおりにはいきません。人を動かすのは一番難しい。経営者だろうが、取締役だろうが、みんなやりたいことがあるわけで、同じ意識を持って同じ方向に向かうというところで、ずれが起こってしまう。それで会社がうまくいかなくなるというのがほとんどなので、モノや型どうりの方法ではなくて人なんです。

人を動かすためのサポートをタイムウェーバーはできるので、経営コンサルの方が使うことで、その部分を捕らえたら、すごくいいアドバイスができるんじゃないかという事で意見が一致しています。

彼は経営コンサルなので、タイムウェーバーを使ったコンサルタントの養成講座を開きたいと考えていました。会計事務所とか、税理士さんとか弁護士さんといった士業の人たちがタイムウェーバーのＢｉｚモデルを導入したら経営者の意識が変わるので社員の意識も変わり作る製品の質も変わります。

利益至上主義の時代はとっくに終わっていて、これからは人が主役になれる時代だと思います。上下関係ではなくて、お互いがお互いの個性を生かして一緒に何かを育てていく。一つの目的に向かって達成する。一緒に何かを達成する。それが結果的に一人一人が自分らしさを表現するということだと思いますし、自己の価値を認識するので「誰よりも出世しないと」とか「勝ち組、負け組」という観念から抜け出して「自己実現」「社会に貢献する」「世の中をより住みやすい世界にしたい」といった抽象度の高い意識にシフトできるのではないでしょうか？　「人の時代」のツールとして、タイムウェーバーは向いていると思います。

――無敵の装備というか、何もしていなくても、タイムウェーバーを使うことができるだけで、その人にすごい付加価値が生まれる。

**寺岡**　「タイムウェーバーは人を育てる」とも感じます。使っている方は皆さんそう感じています。クライアントのためと思っているけれども、実はクライアントさんの調整を通して、自分がどんどん成長していける機械なんじゃないか。例えば「問い」を考えるのは、けっこう大変じゃないですか。

――相手のことを本気で考えないと出てこないですものね。

**寺岡**　適当な「問い」だと効かないので、セッションを通して実はタイムウェーバーに成長させてもらっている。気づいたら、物の見方や意識がアップしているという感じです。タイムウェーバーを使い込むことで知らない間に自分の意識レベルもアップできる機械でもあると思います。

## ビジネスオーナー

――社長さんとかそういう方々に持っていただいているということですか。

**寺岡**　ビジネスオーナーはみんな忙しいから、本人が直接タイムウェーバーを使うというよりも、コンサルに入った人がタイムウェーバーを使って見てあげるのがベストだと思います。その意味でも先に話したタイムウェーバーを使えるコンサルの養成が必要です。

ドイツでは企業コンサル専門のチームがいて、ある企業のオーナーが「今、緊急に決めないといけない案件があるからすぐに来てほしい」という依頼でもすぐに対応できる体制を整えているので、Ｂｉｚの需要がどんどん伸びているそうです。

## 不動産業（事故物件の浄化）

――不動産の事故物件の浄化というのはすごいですね。

**寺岡**　不動産業の人にぜひ使ってほしい。事故物件は、浄化しないと、また同じことが起こって、物件として焦げついちゃったりするんです。ホテルとか旅館の部屋の事故も、タイムウェーバーを使って浄化します。事故が起きる様な部屋は、それに共鳴する人が来るのでエネルギー調整する事で、来るお客様の質も変わると思います。

――でも、浄化と大きく打ち出すと、実際にできるのに、また「怪しい」になっちゃうんですよね。

**寺岡**　うちの会社は以前、風水鑑定もしていたんです。夫は設計もするので、家の間取りのアドバイスから土地の浄化もしていたので、当時はいろいろな方から依頼がありました。

土地を浄化するために、炭素埋設も行っていました。土地の浄化には炭埋がとても効果的です。伊勢神宮も炭を埋めています。炭埋する前に、その土地がどういう状態なのか、地磁気測定器で地磁気と電磁波測定をして、物理的に「土地のツボ」を見つけて炭を埋めるんです。

その噂が広がって「土地を見てほしい」という問い合わせが多くなり、「うちで変なことが起こって大変だから見に来てください」という依頼がどんどん来始めました。結局、あまりに怖い事が多くてやめたんですけど、ひどかったのは、大阪のとある専門学校です。

そこは定期的に学生が学校の屋上から飛びおり自殺をするようなところで、その噂が広がったので、もう日本国内では生徒が集まらない。しようがないから中国で生徒を集めたんだけど、中国の学生も飛びおりちゃう。これはどうしようもないということで呼ばれたんです。本当は絶対行きたくなかったんですが、ある人のご紹介だったので断れない。どうしても行かなきゃいけない。しようがないので夫と一緒に、プロテクトするものをいっぱい体につけて2人で行きました。それが20年ぐらい前の話です。

私たちは当時から機械オタクだったので、バケタン（お化け探索器）という測定器を持っていました。何らかの原因で大きく磁波が乱れることでピカピカ光る測定器です。そのバケタンが専門学校の200メートルぐらい手前からピカピカする。「めっちゃ光ってる。絶対何かいるよ！」と言いながら歩いていると、今度は、プロテクト用のパワーストーンのブレスレットが突然切れたんです。

「これ、絶対ヤバいよ」と言って地面に落ちた石を拾ってみると、驚くことに玉自体が粉々だったんです。玉が手首から地面の距離で砕けるなんて普通ではありえません。

結局その専門学校の理事長室のようなところに通されたんですが、その理事長室のソファに座った瞬間に誰かが足をさわるんです。「いないけど、いるよね、いるよね」

みたいな。（笑）

炭埋をする際は土地の地磁気や電磁波、地電流を計測することで「ケガレチ」「普通地」「イヤシロチ」に分けます。普通の土地だったら炭埋は効く。でも、船（舩）井幸雄さんが著書「イヤシロチ」の中で書かれていますが、ケガレチ（気枯地）とは「劣性生育地帯」で電気の特性として酸化電圧を示します。これが全国で30％あるそうです。基本的には「ケガレチ」は炭埋しても普通地に近づける事も難しい土地が多いです。

この学校の地磁気をはかったら、到底改善できそうにはない土地だったので、「もう引っ越したほうがいい」と専門学校側に言いました。彼らが「そんなことはできない」と言うんで、「あなた方が引っ越さないなら、これ以上、私たちにできることは何もありません」と言って帰りました。その後、そこがどうなったかは知りません。

何が言いたいかというと、タイムウェーバーを使えばそんな怖い思いをせずに遠隔で浄化できて、しかも同じ効果があるかもしれないという事です。もちろん「ケガレチ」がどこまで改善するかは、まだ行ったことはありませんが。

あるクライアントさんのお母さんが「うつ」みたいなので見てほしいという依頼がありました。すると家にある〝池〟と周囲の北東の方向にある墓地からネガティブエネルギーが来ているという答えだったので聞いてみた所、確かに、池も墓地もありました。それで、土地の浄化を一カ月ぐらい調整した所、お母様の様子もずいぶんと良くなったとの報告をいただきました。現地に行かずに遠隔でできるのはほんとにありがたいです。私は世の中の風水師の方々に「楽ですよ」と紹介したい。(笑)

――しょっ中、人が飛びおりちゃうような専門学校なんて、そんなところに行かれた寺岡さんだからこそ余計そう思いますよね。

**寺岡**　土地は本当に怖いです。悪い土地にはたくさんのネガティブエネルギーが集まります。だから、浄化しないと健康だけでなく運気も落ちます。

――新宿もそうですものね。

**寺岡**　私は六本木のほうが苦手です。昔、墓地が多かったと聞いていますが、龍脈も通っていて、プラスとマイナスのエネルギーが混在した不思議な地域なんです。

六本木ヒルズも、方位磁針を置くとグルグル回って北を指さないぐらい地磁気の乱れが激しい場所があります。

もちろんそのエネルギーもうまく使えば、一時的には商売もうまく行くのですが。そのまま居続けるのは良くない。グーグルはそれを知っているのかもしれませんね。

もともと2010年までいた渋谷に今年また戻るそうです。

海外の大企業は、有名な風水師がついていることが多いです。フリーメイソンは風水を駆使して運を手に入れるため龍脈どおりに移動するそうです。

渋谷もすごく特殊な土地で、今は埋めちゃっていますが、もともとあそこは川が流れていたんです。その川がキーポイントで、その川の気の流れをうまく動かせば、商売には向いた土地です。でも、気の流れが強いので人が住むのには向いていません。

## 人事（相性や適性、才能の発見）

――人事はゲノ・ウェーブですか。
**寺岡**　ゲノ・ウェーブについてはPart9（P197）でも説明しましたが、才能や適性を見るならBizのデータベースにある「ヒューマンリソース」のデータが良いです。従業員の性質や性格、コミュニケーション能力、才能、長所短所を調べることができます。社員を採用する際に社員の適性とその職種のマッチングも見られます。

その人が本質的にもっている性質を知った上で、その人に合った部署や職種に配属できればお互いがハッピーですよね。

また、本人が気づいていない才能がわかれば、それを伸ばすために投資することもできます。どんな人でも、適材適所に行けば、自分を活かすことができるので、このデータベースは是非、人事の人に使ってほしいです。

先日あるクライアントさんが、「転職するか、自分で何か起業するか、悩んでいるんです」と相談にいらっしゃいました。

「じゃ、あなたにどんなタレント性があるか見てみましょう」と言って見たら、「ライター」と出ました。「書くことがいいって出てるけど、どう?」「いえ、そんな私、今まで書いたことない。昔、作文で最悪な点数だったんだけど」「でも、『いい』って出てるから、一回書いてみたら」と言いました。しばらくしてから連絡があって、「言われたから、とりあえずブログでも書いてみようかなと思ったら、昔のトラウマはなくなって、意外に書くのが楽しいかも」とおっしゃっていたので、自分ではなかなか信じられないことでも、素直な人は才能が開花するようです。使ってみてください。

――採用にも向いていますね。

**寺岡**　はい。採用だけでなく、既に今いらっしゃる社員さんの離職を減らすこともできると思います。例えばその部署がほんとに合っているのかチェックしてあげると、実はその人は内勤よりもセールスに向いていたとかいうことがあるかもしれませんので、本人に「こういうのが向いてるようだけどチャレンジしてみませんか？」と言ってみるのもいいでしょうし、自分の会社のどの部門に人材が欠けているのかも見ることができます。今いる社員がそれぞれ、自分を生かせるポジションにつければ、効率がUPするので結果的には人件費の削減にもつながるでしょう。

――実際に面接に来た人は、「見てもいいですか」と許可を取って、見てみるという感じですか。

**寺岡**　そうですね。あらかじめ、それを募集条件に書いておくと良いですね。オプションとしてはAさん、Bさんという感じで、どこどこに応募してきたAさんとして見ることもできます。

――人事でハッピーになる人も多いですからね。

**寺岡**　適材適所に配属できたら、お互いにハッピーですよね。向いていないのに、我慢して続けても自分のためにも会社のためにもならない。

――結局、才能が潰されちゃったりする。

**寺岡**　自分が生かせないんだったら、たとえ本人がその会社にいたいと思っても、違う会社に行ったほうがいいと私は思います。

## セールス業

――セールス業は、営業ということですか。

**寺岡**　営業、それとセラピーもセールスです。お客さんと直接いろいろコミュニケーションをとるような仕事ですね。

――セールスに行く前にエネルギーを飛ばして、セールスするときに能力を発揮する。

**寺岡**　はい。「セールストーク」というデータもありますし、他には、「価格の決め方」「マーケット分析」「セールスする上でのチェックリスト」「ターゲット」「展示会での戦略」「セールスマンの資質」等々、セールスに関係するデータが約５０００個あります。

――プロダクトがたくさんあったら、その人に勧められるものもチョイスできるんじゃないですか。

**寺岡**　はい。事前に自社の製品をデータベースに入力しておくか、テンプレートに入れるとすぐにチェックできますね。

テンプレートに毎回聞きたい共通項目、例えば「私が健康を維持する為に最適なサプリのセット」というテンプレートを作っておくと、いちいちその都度サプリのデータベースや文章を入力する手間が省けます。

## 製造業

――製造業は、ロゴとか……。

**寺岡**　製造業であれば工場の生産ラインをチェックして欠陥品やシステムエラーチェ

ックなどの製品管理に使えます。工業製品の設計図や工場の図面を読み込むことで、製品の生産ラインを改善し、工場のエネルギーバランスをとることで、不良品がずいぶん減ったことは、ドイツカンファレンスではほぼ毎回、だれかが報告しています。

――やっぱりドイツですか。

**寺岡** そうです。生産効率が上がるし、事故が起こりそうなところ、例えば機械の摩耗で、「もう取りかえなきゃいけないよ」と出るので、事前に交換することで事故が少なくなるでしょうし、生産ラインに影響を与えない保守計画が立てられるし、設備投資計画の面でも役に立つと思います。

――機械だって直るんですものね。(笑)

**寺岡** うちのですが。(笑)

## 農業、林業

――農業とか林業は、植物にエネルギーを飛ばすということですか。

**寺岡**　カタログには、アブラムシがつかなくなった農業の例が載っています。実際にデータベースの中にアグリカルチャーというデータベースがあるんです。林業、農業をしている方だったら、アグリカルチャーというデータベースを使うと、森林の状態を適性化したり、田んぼや畑の虫の発生を最適化すると、バランスがとれて収穫が上がるプロトコルがたくさんあるんです。

うちは今はイヌとネコがいますが、飼う前は、よくノラネコが来て、お庭にウンチをしちゃってたんです。それをさけたいと思って、タイムウェーバーで「ネコがうちの庭でウンチをしないようにするためのプロトコル」を組んだんです。

そしたら、ほんとによく効いて、３日目ぐらいからウンチをしなくなりました。

## 受験試験対策

――受験試験対策は、試験会場で緊張しないようにとか。

**寺岡**　自分の最高のパフォーマンスができて、緊張せずに問題が解ける、そういう形ですするのがいいと思います。あるユーザーさんが、辞書を読み込んで、そのエネルギーを飛ばすというのを受験生に行っていました。

――英語の参考書とか読み取ってエネルギーを飛ばす。僕がやりたいです。

**寺岡**　読みたいけど読めない日月神示の本を読み取ったり。（笑）

――「日月神示のエネルギー、飛ばします」。ヒカルランドで売れるかもしれません。企画で提案してみます。（笑）

**寺岡**　受験対策で難しいのは親の思いと子供の気持ちの不一致です。相談者がお母さんの場合、お母さんが望む学校に子供が入りたいと思っていない場合、いかにお母さんにそれを理解してもらうか。子供に勉強させるより、お母さんの意識を変えることのほうが必要です。

――エゴだらけ。

**寺岡**　親のエゴで受験するとタイムウェーバーは結果が不安定で数値もコロコロ変わって安定しません。やっぱりそういう人は落ちてしまいます。タイムウェーバーは「その本人が最適になる」ように調整をかけるので、落ちたほうがその本人にとっては最適な人生に近づくのだと思います。

――「お子さんはこの大学に行きたいと思っていますか」と聞いてあげたほうがいいかもしれません。

**寺岡**　「思ってなくても、行かせたいんです。うちは医者の家系なのだから、医者にならないとダメなんです」ってはっきり言われます。（笑）跡継ぎは大変です。

――ドイツでは、受験や試験対策の時には、普通に「じゃ、飛ばしますよ」みたいな感じなんですか。

**寺岡**　ドイツは、試験専門でサービスを提供している人たちがいます。普通の学校受験だけじゃなくて、資格試験もそうだし、弁護士試験とか難しい国家試験も行っています。

## 事例

### 〈ラジオに出演、シンボルと花のマッチング（斉藤佐世子さん）〉

――斉藤さんの事例は、斉藤さんの本に書いてありましたか。

カンアオイとシンボル

**寺岡**　「ラジオに出演する」と言われた話は書いてありました。シンボルと花のことは書いていなかったかもしれません。

タイムウェーバーを斉藤さんが導入する前に、私の所でタイムウェーバーのセッションをしていた時に、「このシンボルがいいよ。これを持っておいたほうがいい」と検出されたシンボルを印刷してお渡ししたら、斉藤さんが「あれ、これ、どこかで見たことがある」と言うんです。彼女が思い出したところでは、そのシンボルはカンアオイのお花にそっくりだと言うのです。斉藤さんが「実は私、ずっとカンアオイが生息している山から呼ばれていたんです」。

そういうインスピレーションがずっと来ていたそうなんですが、そのカンアオイと全く同じ色と形がタイムウェーバーのシンボルと一致した事自体、二人にとって驚きでした。「カンアオイの形が何でタイムウェーバーのデータベースにあるんだろう」「わざわざこれを選んで来たんだから、これはもうやるしかないよね」という話になったんです。このシンボルはもちろんカンアオイではなく、インド風水の「ヤントラ」のシンボルなので普通なら何の関連性もありません。それなのに、65万あるデータベースからたった一つこれを選ぶ確率を考えるともっと驚きです。斉藤さんは意識がクリアなので、結果もクリアに出やすいんだろうと思います。それにしても、これは「クライアントの意識やイメージが量子レベルで空間に流れ出しているという」ラジオニクス的な特徴を象徴する出来事でした。

## 〈気象が変わる？〉

――　気象が変わるというのがめっちゃ気になっていたんです。

**寺岡**　これは私の体験です。NESのトレーニングで宮崎のとある病院に出張する予定だったのですが、台風が宮崎に向かっていました。

中止した方が良いのですが、お医者さんはみんなスケジュールが厳しくて、別の日にまた集まるというわけにはいかないから、何とかスケジュールどおりに開催したかったのですが、その台風は宮崎に直撃するという予測が出ていたんです。２０１６年9月の台風12号です。

「直撃はちょっとまずいよね」という話をしながら気象図を見ていたら、私たちが予約した飛行機は、まさに直撃する時間帯でした。どうにかできないかと思って、タイムウェーバーに、「とにかく行かなきゃいけない。飛行機以外でも良いから、どうにかして行けないか。新幹線か、車でも行ける方法はないか」と言って調べました。

タイムウェーバーが出してきた答えは、「新幹線も多分止まるからダメだろう。唯一行ける方法はクルマ。クルマで行け」でした。「宮崎までクルマで行くんですか」「でも、ほかで行けないんだったら、最悪それで行くしかないかな」という話をして、「じゃ、どうやって行ったらいい？」「残念ながら高速は全て止まるらしいので、下道で行かなきゃいけない。だから、2～3日前に出発しろ」。それはさすがに嫌だから、「これはもう飛ばすしかない」となって、何とか飛行機で行きたいから、台風の直撃をさけるように調整をかけました。もちろんダメもとで……。

羽田に行くと、フライトボードが「保留」になっていました。「やっぱりか……」

と思いましたが、あきらめずにすぐにラウンジに行き、そこでタイムウェーバーを出して、その場で再び調整をかけました。（笑）そしたら、「保留」がパラパラパラと「飛びます」表示に変わって、そのときに台風の進路が変わったという情報が入りました。

ヤフーの台風進路図を見たら、宮崎だけさけるような進路に変わっていました。これにはほんとに驚きました。これは記録に残さないとと思い、進路図の縮小をスマホにとり（写真参照）ました。そして、私たちが宮崎に到着したすぐ後、台風はまたもとの進路に戻りました。おまけに、羽田から飛んだのは私たちが乗った便だけで、あとの便は欠航になったんです。

Yahoo! ニュースのスクリーンショット

偶然とはどう考えても思えない。やはりこれはタイムウェーバー効果だろうと。

——日本の観測史上最大の台風、１９７６年の台風17号のエネルギーは、原爆３００万発分なんですって。しかも、台風は自分で動く力がなくて、偏西風の影響で動きます。だから、タイムウェーバーは偏西風を動かしたんだと思います。

**寺岡** そんなことを聞くと、ますます「ほんまかいな」と思いますね。

——小型台風でも、エネルギー的に広島に投下された原爆の２万４０００発分らしいです。タイムウェーバー、ヤバいですね。

**寺岡** ほんとです。行けてよかったんで「ありがとう」ですけど。

## 〈弟が行方不明になった日〉

——弟が行方不明になった日についてはどうですか？

**寺岡** 前の章でも少し出て来ましたが、あるクライアントさんの話です。クライアントさんの臓器のエネルギーを分析していると「トラウマがある」と出たときに、「じゃ、そのトラウマはいつなのか」をタイムラインで探っていったら、「My brother is missing」が、特定の日付と一緒に出て来て、「これは弟がいなくなった日です」。これにも驚きました。

**〈風水〜屋根裏の電磁波〉**

――屋根裏の電磁波というのは。

**寺岡**　タイムウェーバーをお持ちのあるユーザーさんが、タイムウェーバーの導入前に私とタイムウェーバーのセッションをしていた時の話です。彼女は最近、お店を移転したばかりでした。1階がお店で、2階に自分が住んでいました。その建物自体は集合住宅で、自分も住んでいるけれども、ほかの人も住んでいるという建物でした。

彼女によると、「移転してから何か調子が悪い。自分のお母さんも転居して来たけれども、お母さんも調子が妙に悪くなる。何か場所が悪いのかな」という話をしたんで、タイムウェーバーに聞いてみたら、「屋根裏に何か金属的な筒状のものがあって、それが電磁波を拾っていて、影響している」と出たんです。「屋根裏にそんなものは絶対ない」と彼女が言うので「じゃ、ないのかなあ。まあとりあえずエネルギー的に調整しておくね」という話をしました。

でも、屋根裏のことが何回も出るんです。あんまり出るから本人も覚えていました。

そんな中で、お店の中の電気工事の追加工事か何かがあって、その業者さんが「多分屋根裏に配線が行っているはずだから、ちょっと上がらせてください」と言って屋根裏に上がりました。

業者さんが見たら、そこにあるはずのない金属の筒状のものがあって、それが電気を拾って電気系統がおかしくなっていたんです。ほんとはないものが、誰かのミスでそこに置きっ放しになったのかはわかりませんが、ご本人は「何でそんなことまでわかるんですか」と本当にびっくりされていました。

―― 完全に霊視しているとしか思えないですね。

## 〈家のエネルギー状態〉

―― 家のエネルギー状態というのは。

**寺岡**　それは家のエネルギー状態がすごくよくわかるという話で、これも私のクライアントさんの事例です。

タイムウェーバーで家のエネルギーを測定するには「エナジーポイント」アプリで「間取り図」を読み込むとピンポイントでどこのエネルギーがアンバランスか見るこ

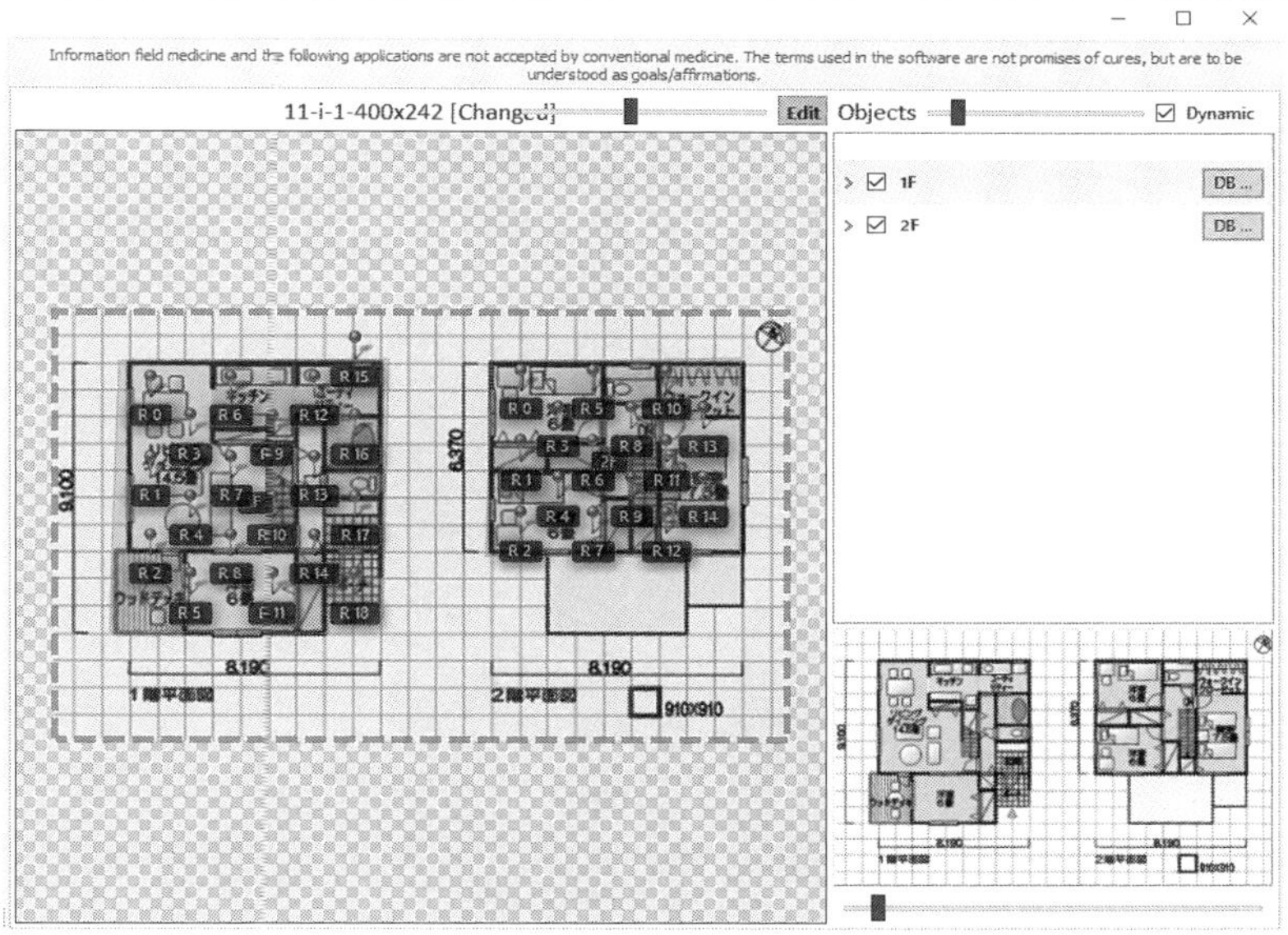


間取り図

とができます。

その方は、マッサージのサロンを数店舗展開している経営者の方で、「ある一つの店舗がどうもうまくいかないから、ちょっと見てほしい」というご相談がありました。

調べてみると、「その店舗は、女性の強いエネルギーがそこを守っちゃっている」と出ました。そのときの内容がとても詳細だったのでよく覚えているのですが、その店舗が建つ前は普通の住宅だったのか、「その女性はどうやら、自分よりも先に死んでしまった旦那さんの帰りをそこでずっと待ち続けて亡くなったそうです。この女性はいまだに旦那さんを待っていて、ほかの人を入れたくないと言っている」。

「えー、そんなことまで言うの」みたいな感じですが、その女性に出ていってもらわない限り、ほかの人を入れたくないのだから、店舗が繁盛するわけがない。お客さんも入れたくないし、その経営者にも来てほしくない。調整が必要ですが、その女性の霊がとにかく強いので、ほかの悪霊たちもいっぱいそこに集まってきているようで、まずはその他の悪霊から取っていこうということになりました。

「どこどこに鏡を置け」とか、すごい細かい指導が出るんですが、それをやるたびに彼女はどんどんエネルギーが軽くなって、「何かすごく体調がよくなりました」と言うようになりました。

今までその女性は、自分がオーナーとして経営しているにもかかわらず、どうもその店舗だけ足が向かない。「行かないから、売り上げが上がらないんじゃない?」とみんなに言われて、「そうなんだけど、足が向かないのよ」という話をしていたのが、浄化していくと、徐々に足が向くようになったんです。

「何か行けるかも」みたいな感じになってきて、最後には「いるだけで心地よくなってきた」と、びっくりするぐらい変わりました。

おかげで周りの霊はいなくなりましたが、女性の霊だけはなかなか取れない。彼女は旦那さんが帰らない限りは動けないので、「もう旦那さんは死んだし、あなたも上がったほうがいい」という感じで調整を何度かして上がってもらうことに納得してもらいました。女性の霊が行ってしまってからは、人が集まるようにもなり、スタッフの入れ替わりもあり、エネルギーも改善されて、今では他のどこの店舗より心地良いそうです。そこまで変わることのできた事例です。

## タイムウェーバーの近未来

### 〈新しいバージョン、タイムウェーバー・プロ〉

――新しいバージョン、タイムウェーバー・プロは、データベースを最大220億まで搭載できるアーキテクトを実現しているということですが、縦・横が立体になったのかなぐらいな理解なんですけど。

**寺岡**　縦・横が立体になるということはすごいことなんですけれども、私も実はよくわかっていないんです。「なんかすごいらしいよ」みたいな。（笑）

――とにかくすごくなるというのは、２２０億という数だけでもわかりますね。

**寺岡**　今、65万ですからね。プラットフォームが２２０億の情報を搭載できるということは確かに驚きましたが、この新しいプラットフォームになったおかげで、レベル・ウェーブというアプリが動く様になりました。今まで私たちが手動で行っていた各々のエネルギー階層のレベルをつなげていたのですが、このアプリを使う事でその必要がなくなって、一気に縦軸でズボンと一つの軸を通して、「これをするためには、このレベルで軸を全部通す」というのを自動的にやってくれる。又、それに加えてマッチングという機能が搭載されたんです。

マッチングというのは、今、送っている調整項目が、あと何回送信したら調整できるのかを予測してくれます。今まではあれば調整の日数やタイミングは、セラピストが考えてプロトコルを決めていましたが、何回調整したらいいかを決めてくれるので効率的です。加えて、マッチングのオン・オフ機能で、オンにすると、調整をかける前に必ずマッチングするので、常に最適化された情報がその都度送られるため、最適化リスト自体がより強化されるんです。

今まではただ定期的に情報が送られていたものが、その前に、マッチングで最適化されるのでその都度で変わっていく。リスト化された「望ましい状態」が固定化、実現するための情報がよりピンポイントで送られるので、今までよりも実現速度が速くなるんです。この部分がプロの大きな特徴です。

もう一つは、ユーザーの意識を拾うということです。自分が何かオリジナルのデータベースをつくろうと思ったときに、言葉を書く瞬間にタイムウェーバーがその人の意識を拾うので、頭で考えている内容が入っちゃう。これはよし悪しで、もちろん言葉だけではなくて、その人の意図が入るということは、情報として重なるから強い力を持つのですが、書いていることと頭で考えていることが一致していなかったら、乖離した情報になるので、注意が必要なんです。

――　超くだらないですけど、「たこ焼きが好き」と考えて、そのたこ焼きが、僕が銀だこを思っていたら銀だこになっちゃうわけですよね。

**寺岡**　そうそう。阪本さんがイメージするたこ焼きなので他の人のイメージとは違うかもしれない。（笑）

――カリカリじゃないフワフワのたこ焼きが好きな人は、『たこ焼きが好き』と入れたのに何で出ないんだろう」ということが起こり得るということですよね。

**寺岡**　起こりえます。（笑）

## 〈ブロックチェーンによるクラウド化〉

――ブロックチェーンによるクラウド化というのは、どういうことですか。

**寺岡**　そんな大層なことではないんです。要は、データが余りにも大きくなるので、ブロックチェーン化して、いろいろなところのサーバーに置いておくことで速度を上げるということです。一つのサーバーだとすごい負荷がかかってしまうので、ブロック化しておいて、クラウドにその情報を上げておいたら、あいているところにアクセスする。これは将来的な話ですが、クラウドにするということは、ブロックチェーン化することで、よりアクセスしやすくなって、情報をすぐに開示できるようになっていくベースができたという拡張性の話です。

## 〈AI機能による全ての言語への対応〉

――ＡＩ機能による全ての言語への対応は、レベルウェーブ……。

**寺岡**　レベルウェーブというかタイムウェーバー自体をＡＩ機能が翻訳する。データベースが何憶とかになったら人が翻訳するのは不可能なので、ＡＩで自動翻訳で対応していくということです。それが近い将来できるようになります。

――レベルウェーブを搭載して、そのアップデートが行われれば、それができるということですか。

**寺岡**　はいその予定です。

――めくちゃくちゃ助かります。

**寺岡**　レベルウェーブは前章でもお話ししたように一億以上のデータベースは全てドイツ語ですが、ユーザーの約半数の方が導入されたのには驚きましたが、実際、自分でも使ってみると、ドイツ語でも効果が出ているので言語はあまり気にしなくても良いと思います。

（了）

＊

本文に出てくる「分析」や「検出」という言葉は全てエネルギーレベルであり、物質的な身体を見ているわけではありません。また、タイムウェーバーは既存の科学、既存の医学では認められておりません。

## 参考図書


・「バイブレーショナル・メディスン」リチャード・ガーバー（日本教文社）
・「エネルギー医学の原理」ジェームズ・オシュマン（産学社エンタープライズ）
・「Decoding the Human Body-Field」ピーターフレザー（Healing Arts Press）
・「科学におけるラジオニクスと医学」マーカス・シュミーク（raum & zeit）
・「The Resonance Effect」キャロリン・マクマーキン（North Atlantic Books）
・www.sheldrake.org.
・ルパート・シェルドレイクのウェブサイト
・「世界を変えた7つの実験」ルパート・シェルドレイク（工作舎）
・映画「The Living Matrix」（コロンビア）
・「精神と物質」エルヴィシ・シュレーディンガー（工作舎）
・「The Secoud Path」マーカス・シュミーク（NeoMedica）
・「完全なる経営」A・H・マズロー（日本経済新聞）
・「太陽活動と景気」嶋中雄二（日経ビジネス文庫）
・「イヤシロチ」船井幸雄（評言社）

寺岡里紗　てらおか りさ
大阪芸術大学卒　インフォ・セラピー代表、NES公認トレーナー、TimeWaverトレーナー、一般社団法人エネルギー医学インスティテュート代表理事
1995年、妊娠中に子宮がんが発覚。エネルギー治療で完治したことで、芸術の世界からエネルギー医学の世界に。誕生した娘もひどいアトピーだったが、ハワイでホリスティック医療の医師に出会い治癒。その後、エネルギーセラピストを目指す。2005年より波動測定をスタート。2009年、英国製のエネルギー測定器であるNESシステムを日本で初めて導入したことをきっかけに、海外のエネルギー医学の国際会議やセミナーに多数参加し、日本に紹介されていない文献や資料の情報発信を開始。同時に、エネルギー医学から派生した情報医療の日本普及と啓蒙活動をスタートする。海外の優れたエネルギーデバイスの情報収集と研究がライフワーク。
2014年よりドイツ製のTimeWaverシステム、英国製宝石光線療法の最先端システムTheragemも導入。2015年より発行している「エネルギー医学の最前線」のメルマガの創設者の1人。
現代のテクノロジーを駆使したエネルギー測定器やヒーリングマシン、エネルギー医学、情報医学の正しい知識の普及と教育を目指して、セミナー開催など活動中。

エネルギー医学の最前線
https://energymedicine-magazine.jimdo.com

意識と物質のインターフェース
タイムウェーバー
想い・望み・意図を物質化する未来型セラピーマシン！

第一刷　２０１９年11月30日
第二刷　２０２１年３月３日

著者　寺岡里紗

発行人　石井健資
発行所　株式会社ヒカルランド
〒162-0821　東京都新宿区津久戸町3-11　TH1ビル6F
電話　03-6265-0852　ファックス　03-6265-0853
http://www.hikaruland.co.jp　info@hikaruland.co.jp
振替　00180-8-496587

本文・カバー・製本　中央精版印刷株式会社
DTP　株式会社キャップス
編集担当　阪本直樹／溝口立太

ISBN978-4-86471-809-7

銀河のビーム マヤツォルキン
著者：秋山広宣
四六ソフト　本体2,000円+税

## 自然の中にいるような心地よさと開放感が あなたにキセキを起こします

神楽坂ヒカルランドみらくるの1階は、自然の生命活性エネルギーと肉体との交流を目的に創られた、奇跡の杉の空間です。私たちの生活の周りには多くの木材が使われていますが、そのどれもが高温乾燥・薬剤塗布により微生物がいなくなった、本来もっているはずの薬効を封じられているものばかりです。神楽坂ヒカルランドみらくるの床、壁などの内装に使用しているのは、すべて45℃のほどよい環境でやさしくじっくり乾燥させた日本の杉材。しかもこの乾燥室さえも木材で作られた特別なものです。水分だけがなくなった杉材の中では、微生物や酵素が生きています。さらに、室内の冷暖房には従来のエアコンとはまったく異なるコンセプトで作られた特製の光冷暖房機を採用しています。この光冷暖は部屋全体に施された漆喰との共鳴反応によって、自然そのもののような心地よさを再現。森林浴をしているような開放感に包まれます。

### みらくるな変化を起こす施術やイベントが 自由なあなたへと解放します

ヒカルランドで出版された著者の先生方やご縁のあった先生方のセッションが受けられる、お話が聞けるイベントを不定期開催しています。カラダとココロ、そして魂と向き合い、解放される、かけがえのない時間です。詳細はホームページ、またはメールマガジン、SNS などでお知らせします。

神楽坂ヒカルランド　みらくる　Shopping & Healing
〒162-0805　東京都新宿区矢来町111番地
地下鉄東西線神楽坂駅２番出口より徒歩２分
TEL：03-5579-8948　メール：info@hikarulandmarket.com
営業時間11：00～18：00（1時間の施術は最終受付17：00、2時間の施術は最終受付16：00。イベント開催時など、営業時間が変更になる場合があります。）
※ Healing メニューは予約制。事前のお申込みが必要となります。
ホームページ：http://kagurazakamiracle.com/

## ★《AWG》癒しと回復「血液ハピハピ」の周波数

**生命の基板にして英知の起源でもあるソマチッドがよろこびはじける周波数をカラダに入れることで、あなたの免疫力回復のプロセスが超加速します！**

世界12カ国で特許、厚生労働省認可！　日米の医師＆科学者が25年の歳月をかけて、ありとあらゆる疾患に効果がある周波数を特定、治療用に開発された段階的波動発生装置です！ 神楽坂ヒカルランドみらくるでは、まずはあなたのカラダの全体環境を整えること！　ここに特化・集中した《多機能対応メニュー》を用意しました。

A．血液ハピハピ＆毒素バイバイコース
　(AWG コード003・204)　60分／8,000円
B．免疫 POWER UP　バリバリコース
　(AWG コード012・305)　60分／8,000円
C．血液ハピハピ&毒素バイバイ&免疫 POWER UP
　バリバリコース　120分／16,000円
D．水素吸入器「ハイドロブレス」併用コース
　60分／12,000円
E．脳力解放「ブレインオン」併用コース　60分／12,000円
F．AWG プレミアムコース　9回／55,000円　60分／8,000円×9回
※その都度のお支払いもできます。

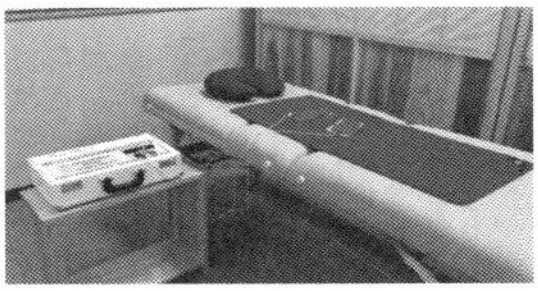

※180分／24,000円のコースもあります。
※妊娠中・ペースメーカーご使用の方にはご案内できません。

**AWGプレミアムメニュー**

1つのコースを一日1コースずつ、9回通っていただき、順番に受けることで身体全体を整えるコースです。2週間～1か月に一度、通っていただくことをおすすめします。

①血液ハピハピ＆毒素バイバイコース　②免疫 POWER UP バリバリコース
③お腹元気コース　④身体中サラサラコース
⑤毒素やっつけコース　⑥老廃物サヨナラコース

## ★音響免疫チェア《羊水の響き》

**脊髄に羊水の音を響かせて、アンチエイジング！**
**基礎体温1℃アップで体調不良を吹き飛ばす！**
**細胞を活性化し、血管の若返りをはかりましょう！**

特許1000以上、天才・西堀貞夫氏がその発明人生の中で最も心血を注ぎ込んでいるのがこの音響免疫チェア。その夢は世界中のシアターにこの椅子を設置して、エンターテインメントの中であらゆる病い／不調を一掃すること。椅子に内蔵されたストロー状のファイバーが、羊水の中で胎児が音を聞くのと同じ状態をつくりだすのです！　西堀貞夫氏の特製 CD による羊水体験をどうぞお楽しみください。

A．自然音Aコース「胎児の心音」　60分／10,000円
B．自然音Bコース「大海原」　60分／10,000円
C．「胎児の心音」「大海原」　120分／20,000円

# 神楽坂ヒカルランド
# みらくる
# Shopping & Healing

## 神楽坂《みらくる波動》宣言！

神楽坂ヒカルランド「みらくる Shopping & Healing」では、触覚、聴覚、視覚、嗅（きゅう）覚、味覚の五感を研ぎすませることで、健康なシックスセンスの波動へとあなたを導く、これまでにないホリスティックなセルフヒーリングのサロンを目指しています。ヒーリングは総合芸術です。あなたも一緒にヒーリングアーティストになっていきましょう。

## ★ TimeWaver《タイムウェーバー》

**時間も空間も越えて、先の可能性が見える！**
**多次元量子フィールドへアクセス、新たな未来で成功していく指針を導きだします。**

空間と時間を超越したヒーリングマシン「TimeWaver」は、抱えている問題に対して、瞬時に最適な指針を導き出します。タイムマシンの原理を応用し12次元レベルから見た情報を分析。肉体的なレベルだけではなく、チャクラや経絡、カルマ、DNA、遺伝的な要因など広い範囲にわたる情報フィールドにアクセスし、問題の原因を見つけます。「目標に対しての戦略エネルギー」、「ご自身や周りにいる人々のマインドエネルギー」などを分析し、最も効率よく最大限の成功へと導く道標を示し、さらに時空からその成功をサポート。すごい時代になりました！

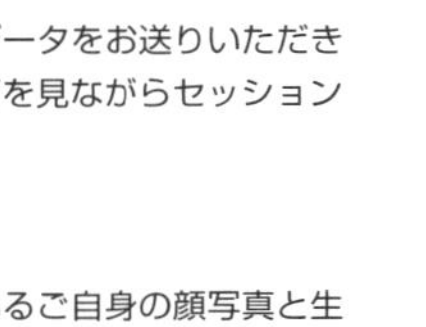

初回 60分／35,000円　　2回目以降 60分／25,000円

**ご来店**

事前にご自身がお一人で写っている顔写真の画像と、生年月日などのデータをお送りいただきます。特に体に何かつける、横になるなどはなく、オペレーターと画面を見ながらセッションを進めていきます。

**遠隔セッション**

TimeWaver がアクセスするのは、量子フィールド。お一人で写っているご自身の顔写真と生年月日などの情報があれば、アプリや、お電話などでの遠隔セッションが可能です。プライベートなお話のできる静かな場所で、椅子などにゆっくり座りながらお受けください。

## ★植物の高波動エネルギー《ブルーライト》

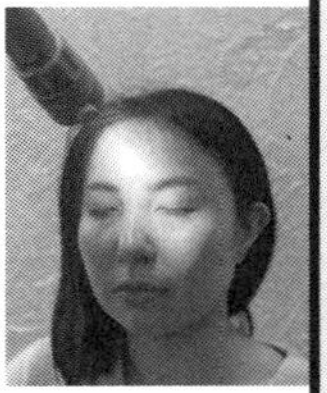

高波動の植物の抽出液を通したライトを頭頂部などに照射。抽出液は13種類、身体に良いもの、感情面に良いもの、若返り、美顔……など用途に合わせてお選びいただけます。より健康になりたい方、心身の周波数や振動数を上げたい方にピッタリ！

A．健康コース　7か所　10～15分／3,000円
B．メンタルコース　7か所　10～15分／3,000円
C．健康＋メンタルコース　15～20分／5,000円
D．ナノライト（ブルーライト）使い放題コース　30分／10,000円

## ★ソマチッド《見てみたい》コース

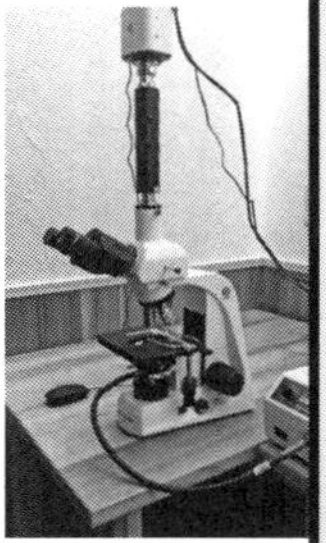

あなたの中で天の川のごとく光り輝く「ソマチッド」を暗視野顕微鏡を使って最高クオリティの画像で見ることができます。自分という生命体の神秘をぜひ一度見てみましょう！

A．ワンみらくる　1回／1,500円（5,000円以上の波動機器セラピーをご利用の方のみ）
B．ツーみらくる（ソマチッドの様子を、施術前後で比較できます）2回／3,000円（5,000円以上の波動機器セラピーをご利用の方のみ）
C．とにかくソマチッド　1回／3,000円（ソマチッド観察のみ、波動機器セラピーなし）

## ★脳活性《ブレインオン》

聞き流すだけで脳の活動が活性化し、あらゆる脳トラブルの予防・回避が期待できます。集中力アップやストレス解消、リラックス効果も抜群。緊張した脳がほぐれる感覚があるので、AWG との併用がおすすめです！

30分／2,000円
脳力解放「ブレインオン」AWG 併用コース
60分／12,000円

## ★激痛！ デバイス《ドルフィン》

長年の気になる痛み、手放せない身体の不調…たったひとつの古傷が気のエネルギーの流れを阻害しているせいかもしれません。他とは全く違うアプローチで身体に氣を流すことにより、体調は一気に復活しますが、痛いです！！！

A．エネルギー修復コース 60分／15,000円
B．体験コース 30分／5,000円

## ★量子スキャン＆量子セラピー《メタトロン》

**あなたのカラダの中をDNAレベルまで調査スキャニングできる**
**量子エントロピー理論で作られた最先端の治療器！**

筋肉、骨格、内臓、血液、細胞、染色体など——あなたの優良部位、不調部位がパソコン画面にカラーで6段階表示され、ひと目でわかります。セラピー波動を不調部位にかけることで、その場での修復が可能！
宇宙飛行士のためにロシアで開発されたこのメタトロンは、すでに日本でも進歩的な医師80人以上が診断と治癒のために導入しています。
A.B.ともに「セラピー」「あなたに合う／合わない食べ物・鉱石アドバイス」「あなただけの波動転写水」付き

**A.「量子スキャンコース」　60分／10,000円**
あなたのカラダをスキャンして今の健康状態をバッチリ6段階表示。気になる数か所へのミニ量子セラピー付き。
**B.「量子セラピーコース」**
**120分／20,000円**
あなたのカラダをスキャン後、全自動で全身の量子セラピーを行います。60分コースと違い、のんびりとリクライニングチェアで寝たまま行います。眠ってしまってもセラピーは行われます。

## ★脳活性《ブレイン・パワー・トレーナー》

脳力UP＆脳活性、視力向上にと定番のブレイン・パワー・トレーナーに、新メニュー、スピリチュアル能力開発コース「0.5Hz」が登場！　0.5Hzは、熟睡もしくは昏睡状態のときにしか出ないδ（デルタ）波の領域です。「高次元へアクセスできる」「松果体が進化、活性に適している」などと言われています。

**Aのみ　15分／3,000円　　B～F　30分／3,000円**
**AWG、羊水、メタトロンのいずれか（5,000円以上）と同じ日に受ける場合は、2,000円**

**A.「0.5Hz」スピリチュアル能力開発コース**
**B.「6Hz」ひらめき、自然治癒力アップコース**
**C.「8Hz」地球と同化し、幸福感にひたるコース**
**D.「10Hz」ストレス解消コース**
**E.「13Hz」集中力アップコース**
**F.「151Hz」目の疲れスッキリコース**

携帯アプリを使う

# 携帯電話のアプリでラジオを聴く方法

① iOS（iPhone など）は左の QR コード、アンドロイド携帯は右の QR コードから Voicy 専用アプリにアクセスします

App Store からダウンロード　iOS

Google Play で手に入れよう　Android

②「Voicy」アプリをダウンロード（インストール）します

③「イッテルラジオ」で検索すると番組が出てきます
フォローすると更新情報が表示されて視聴しやすくなります

検索バーで
「イッテルラジオ」
を探してみてね

フォローしてくれると
石井社長が
泣いてよろこぶよ

リスナーさんからのコメントや質問も大歓迎! 毎朝8:00に「イッテルラジオ」でお会いしましょう♪

voicy

## ヒカルランドの
## はじめてのラジオ番組
## がスタートしました！

声のオウンドメディア

voicy（ボイシー）

にて、ヒカルランドの

# 『イッテルラジオ』

**毎朝8:00～絶賛放送中です！**

パソコンなどのインターネットか
専用アプリでご視聴いただけます♪

パソコンを使う

## インターネットでラジオを聴く方法

①こちらのQRコードか下記のURLからVoicyの『イッテルラジオ』にアクセスします

https://voicy.jp/channel/1184/

②パソコン版Voicyの『イッテルラジオ』につながります。オレンジの再生ボタンをクリックすると本日の放送をご視聴いただけます

**ヒカルランド　好評既刊！**

地上の星☆ヒカルランド　銀河より届く愛と叡智の宅配便

令和のDNA　0＝∞医学
著者：∞ishi ドクタードルフィン
　　　松久 正
四六ハード　本体1,800円+税

野草を宝物に
著者：小釣はるよ
四六ソフト　本体1,800円+税

Dr.アントワン・シュバリエの
超先鋭的治療メソッド
著者：アントワン・シュバリエ
　　　越山雅代
四六ソフト　本体2,000円+税

念・生き霊・エナジーバンパイア
著者：導信（在家僧侶）
四六ソフト　本体1,620円+税

龍神医学
著者：奥山輝実
四六ソフト　本体2,000円+税

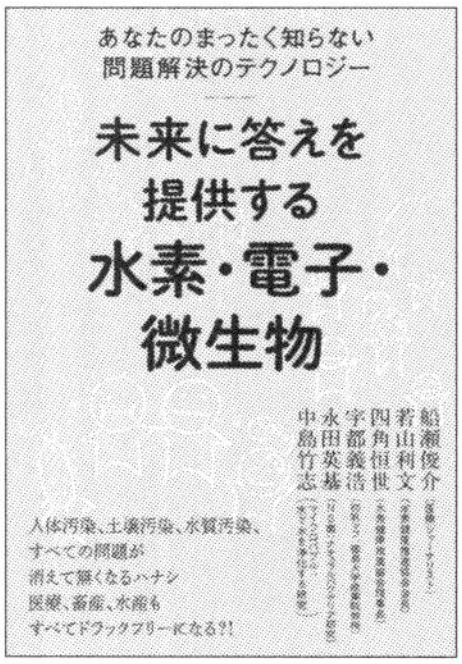


未来に答えを提供する
水素・電子・微生物
著者：船瀬俊介／若山利文／四角恒世／宇都義浩／永田英基／中島竹志
四六ソフト　本体1,851円+税